Marc Schneid

Gundel und ihre
kleinen Geschwister

Unterhaltungsratgeber

AF218876

Marc Schneid

Gundel und Ihre kleinen Geschwister

Mein Burnout und ich

1. Auflage

© *2021 Marc Schneid*

Buchcover & Satz: Marc Schneid
Titelbild: www.pexels.com//pexels-karolina-grabowska-
4506211

Fotografien & Grafiken: Marc Schneid
Quellen für Vektorgrafiken: pixabay.com

Lektorat & Textkorrektur: Isabelle Jahraus

Quellenangaben im Text: www.wikipedia.de

Herstellung und Verlag: BoD – Books on Demand,
Norderstedt

ISBN: 9783753401430

Zum Buch

Gundel und ihre kleinen Geschwister ist ein unterhaltsamer und zugleich informativer Ratgeber, der von meinen ganz persönlichen Erfahrungen mit Burnout handelt. Mitte 2017 brach meine Welt zusammen und die Dunkelheit legte sich über meine Psyche. Anhand meiner Tagebucheintragungen, lustigen Passagen der Fantasiefigur Gundel und Informationsteilen versuche ich, Ihnen das Thema Burnout näher zu bringen. Anhaltspunkte. Ursache. Wirkung. Heilung. Und noch vieles mehr.

Zum Autor

Der Autor, Marc Schneid, 1983 in Mannheim geboren und aufgewachsen, hat bereits in seiner Jugend die Leidenschaft für das Schreiben für sich entdeckt. Neben kleineren Veröffentlichungen von Artikeln in regionalen Publikationen erschien mit »Canarian Nights« 2018 sein erster Kurzgeschichtenband. Seine Figuren sind vielschichtig und abwechslungsreich und sind in unterschiedlichen Genres zu Hause.

-

Für meine geliebten Eltern

Für Angela, Lissa, Uwe, Claudia,
Hildrut, Susanne, Angelika, Heiko, Katja
und Conny

Inhalt

Vorwort

Liebe Leser, liebe Leserinnen, liebe Interessierte, liebe Selbstbetroffene, ich möchte gleich mit einem guten Rat beginnen. Eigentlich sind es drei Ratschläge.

Drei für mich verdammt Entscheidende. Das Buch soll nicht nur informieren und Ihnen humorvolle Passagen liefern, sondern in erster Linie eine Hilfe sein. Zumindest wünsche ich mir, dass es Anderen eine Hilfe sein wird.

Nun aber zu Rat Numero Eins

Kaufen Sie so viele Zeitschriften & Lektüren zu dem Thema wie Sie können, auch wenn sich einiges wiederholen wird, kann jeder weitere Artikel und jede weitere Lektüre neue Denkanstöße geben. Sie nehmen sich damit auf jeden Fall einige erste Unsicher-

heiten, die neu in Ihr Leben getreten sind. Meinen Stapel an Lesestoff arbeite ich noch heute ab. Sie sollen sich auch nicht zu sehr überladen, sondern das Thema und die Krankheit Stück für Stück ergründen.

Rat Numero Zwei

Suchen Sie sich bitte schnellstmöglich einen Therapeuten, der Ihnen sympathisch erscheint und bei dem Sie sich wohlfühlen und gehen lassen können, damit es Ihnen leichter fällt, Vertrauen zu fassen und über alles hemmungslos sprechen zu können, ohne Angst haben zu müssen, das Falsche zu sagen oder für Ihre Gedanken verurteilt zu werden. Bringen Sie viel Geduld mit, es kann schon einige Wochen dauern, bis man jemand Geeignetes findet, aber nicht verzweifeln, es gibt immer einen Platz, und dann ist es der richtige Ansprechpartner, der Ihnen am besten zusagt. Natürlich könnte ich Ihnen sagen, Sie werden nicht so schnell verrückt, so wie es meine Familie und meine besten Freunde getan haben, doch die belastende Last rollt erst vom Herzen, wenn es wirklich ein Fachmann ausgesprochen hat. Auge in Auge.

Man wird wirklich nicht so schnell verrückt, aber je nachdem welche Ursache Ihrer mentale Beeinträchtigung zu Grunde liegt, erschrecken einen die neuen negativen Rauschempfindungen und blockieren eben den eigenen gesunden Menschenverstand, und wer weiß schon, wann das Verrücktsein wirklich anfängt?

Rat Numero Drei

Und das ist ganz, ganz wichtig! Lassen Sie sich von Ärzten jener Bereiche untersuchen, die Ihnen momentan Probleme bereiten, damit man wirklich für sich körperliche Krankheiten ausschließen kann, um sich voll und ganz mit der eigenen Psyche befassen zu können. Es wird Sie beruhigen und Sie stärken und Sie haben nur einen Verursacher, mit dem Sie zurechtkommen müssen.

Ich wünsche es Ihnen natürlich, dass Sie keine ernstzunehmenden körperlichen Gebrechen haben, sollte der Fall jedoch eintreffen, wünsche ich Ihnen viel Kraft, Mut und Durchhaltevermögen. Ich wünsche

Ihnen nun viel Spaß mit meinem Buch und hoffe, Sie können viel Positives meinen Zeilen entnehmen. Das Buch ist sehr persönlich und nicht fiktiv. Es sind meine Empfindungen und mein Weg, wie ich mit den Veränderungen meiner Psyche umgegangen bin und auch zukünftig versuche umzugehen.

1. KAPITEL

Liebes Tagebuch…

Juli 2017

Alles fing plötzlich mit einer Panikattacke an. Mein Therapeut fragt mich immer, warum ich das mit diesem Wort beschreibe oder verbinde? – wo ich das gehört hätte?

Später mehr dazu. Jedenfalls wurde mir spät abends auf der Couch auf einmal schwindelig. Mein Herz pochte rasanter, wie ein Presslufthammer und mir blieb die Luft weg. Ich rief den Notarzt, der hereingeschlappt kam und einfach salopp meinte, es wäre nur eine Panikattacke und was er jetzt schon großartig tun solle.

Ich ließ mich bei einem Allgemeinmediziner gründlich untersuchen und es war wirklich alles in Ordnung. Meine Aufregung linderte sich. Vorsichtshalber reduzierte ich meinen Konsum von Kaffee und Zigaretten.

Zwei Wochen später fing das Ganze wieder an. Ich war gerade zu Bett gegangen, da fing mein Herz wieder an, Karussell zu fahren und wie wild zu schlagen.

Ein Rausch von Angst und Unruhe raste durch meinen Körper. Ich konnte die ganze Nacht nicht schlafen. Am nächsten Tag fuhr ich wieder zu meinem Hausarzt der mich wieder untersuchte und auch dieses Mal nichts Gravierendes feststellen konnte.

Das wiederholte sich in den folgenden Tagen. Ich war nur noch unter Angststrom. Zitternd, verzweifelt. Schlaflosigkeit überkam mich. Mein Kopf schaltete nicht mehr ab.

Ich fing an, panisch zu werden und innerlich durchzudrehen. Es kamen depressive Schübe dazu. Zwei Tage blieb ich bei meinem besten Freunden, weil ich nicht allein sein konnte, und ich dachte, es wäre nur eine vorrübergehende Angelegenheit, doch es wurde schlimmer und ich musste zu meinen Eltern. Der Zustand hielt an.

Ich nehme zuerst homöopathische Beruhigungstabletten ein, Baldrian oder Lavendel, die leider nur leicht helfen. Ich kann immer noch nicht genau einordnen, was genau der/die Auslöser ist bzw. sind.

Ich stehe total neben mir. Ich habe meinen Halt verloren. Täglicher Stimmungswechsel. Immer noch kein zur Ruhe kommen. Immer noch kein fester Schlaf.

Es geht soweit, dass ich es mit leichten Antidepressiva versuche. Mein Hausarzt meint, es wäre nicht schlimm, warum ich immer solche Panik hätte, Tabletten einzunehmen. Er vergleicht es mit einem Diabetiker, der eben auch Insulin bräuchte, um den Ausgleich im Körper wieder herzustellen und so sei es auch hier. Wir fangen mit leichter Dosierung an, um zu sehen, wie viel ich benötige.

Es dauert zwei bis drei Wochen, bis sie wirken, und den Beipackzettel mit Nebenwirkungen sollte man nicht lesen. Bei meinen Eltern komme ich allmählich zur Ruhe.

In meiner Wohnung und auf der Arbeit kann ich mich nicht aufhalten. Ich fühle mich von meinem Körper isoliert und entfremdet. Wie ein Beobachter, der außerhalb seiner Körperhülle steht. Nichts kommt mehr an bei mir. Ich habe meine gewohnten Empfindungen verloren. Von jetzt auf gleich, wie ein geistiger Schlaganfall.

Natürlich nehme ich meine Umgebung, meine Familie und meine Freunde wahr, doch auf einer komischen Zwischenebene. Es ist sehr schwer zu beschreiben, doch ich versuche mein Bestmögliches.

Es ist, als würde man sich im Traum befinden und sich selbst zuwinken. In der ersten Woche verschlimmern die Tabletten die Depressionen, aber das ist normal. Durchhalten, durchhalten! Ich werde nervöser und ängstlicher. Mein Kopf Kino schaltet sich einfach nicht mehr ab.

Ich lasse mich dennoch nicht hängen und versuche, meinen Tagesrhythmus beizubehalten. Stehe morgens früh auf und gestalte den Tag, damit ich nicht in Trägheit und in die Müdigkeitsfalle gerate. Ich spreche mit allen offen über meine Empfindungen, um mich nicht auszugrenzen und zu verkriechen. Das hilft mir ungemein.

Meine Eltern stärken mich. Wir reden viel und lange.

Ich versuche in Schwung zu bleiben, um nicht tiefer in das dunkle Loch zu fallen. Es ist nicht schwarz bei mir, es kam nur ein heimtückischer Grauschleier aus dem Nichts angekrochen.

Meine Freunde stehen mir bei. Verbringen viel Zeit mit mir und geben mir Halt, doch ich merke, dass sich etwas verändert hat. Ich muss mich im Freundeskreis neu beweisen. Neues Vertrauen fassen. Es bleibt immer ein Nachgeschmack, dass ich nicht mehr wirklich für zurechnungsfähig gehalten werde.

Mein Stiefvater, Wolfgang beschäftigt mich mit Heimwerkeleien, damit ich nicht vor mich hinvegetiere. So langsam taste ich mich wieder an meinen beruflichen Alltag heran. Ich gehe zumindest mit ins Geschäft und versuche in der Umgebung zurecht zu kommen.

Ich mache leichte, stressfreie Arbeiten, im Schneckentempo doch ich mache sie und liege nicht desillusioniert und an die Decke starrend im Bett und warte bis der Tag vorbeizieht. In meiner Wohnung kann ich mich nicht lange aufhalten. Ich gehe nur schnell nach der Post und den Pflanzen schauen und packe schnell frische Kleidung ein.

Mein Kleiderschrank wird leerer, die Kommode bei meinen Eltern wird voller. Der Kleiderschrank im Flur muss noch in Beschlag genommen werden. Ich habe neue Ängste entwickelt. Umgebungsängste.

Ich kann auch nicht Autofahren. Meine Umhängetasche wird zu meinem neuen, kleinen Haushalt. Ich habe die Tasche für mich zum Überleben umorganisiert.

Sie wird schwerer. Meine Schulter schmerzt, doch sie beinhaltet alles, was mir notwendig erscheint. So in etwa, wie im Urlaub wenn man eben nicht sein gewohntes Zuhause bei sich hat und alle Sachen die man so den Tag über benötigt. Notizbuch, Tagebuch, Zeitschriften, Medikamente, Handcreme, Augentropfen, Allergietabletten, Einkaufstasche.

Ich hätte fast einen Trolley gebraucht, so kam ich mir vor, doch ich konnte nicht nach

Hause und bei meinen Eltern konnte ich mich nicht ausbreiten, als würde ich neu eingezogen sein.

So ist die Tasche mein Bindeglied zwischen den Orten, in denen ich mich bewege. Ob ich nun zur Arbeit gehe zum Arzt zu Freunden oder nach Hause. Sie ist zu meinem neuen kleinen Zuhause geworden. Klingt für Sie vielleicht merkwürdig, aber in der Tasche war ich drin. Also was mich noch ausmachte, um genau zu sein.

Zu meinem Bedauern kann ich kaum mehr an meinem Computer sitzen und arbeiten, oder lange vor dem Fernseher sitzen und meine Serien oder Filme anschauen. Ich kann mich nicht lange konzentrieren und mir fangen schnell an die Augen zu brennen.

Ich muss mich stark auf die Monitore fixieren und das strengt meine Äugelein massiv an. So suche ich mir andere Ablenkungen. Lese wieder mehr oder fange an, bei meinen Eltern zu helfen, das Haus zu putzen.

Es ist nicht leicht. Mein gewohntes Tun hat sich verflüchtigt. Ich orientiere mich neu und das ist verdammt noch mal sau schwer, im Dschungel der tobenden Körperreaktionen und Gedankenstrudel.

Ich verliere meinen Humor nicht, nur steht er etwas hinten an. Ich spüre leichte Brocken meines alten Ichs, das gibt mir Hoffnung und Kraft. Mein willensstarker, nicht kleinzukriegender Sarkasmus. Meine Berliner Schutzmauer, wie ich ihn gerne nenne.

Ich bin kein feuerspeiender Drache, der nur sarkastisch herumgiftet, aber ich setzte ihn passend ein, wie man es von einem Sternzeichen Skorpion wohl gewohnt ist, um sich eben vor persönlichen Angriffen zu schützen. Meine Psyche greift mich an. Mein Sarkasmus stellt sich in Position und geht zum Angriff über.

August 2017

Die Antidepressiva fangen langsam an zu wirken. Sie helfen mein unruhiges Gemüt zu besänftigen. Es fällt mir aber immer noch schwer, meinen Tag zu bestreiten.

Neuerdings kann ich nicht zu einem Supermarkt gehen. Das grelle Licht und die Überflutung von Menschen, Produkten, Lärm bringen mich rasend schnell in Panikzustände. Oh mein Gott, was ist bloß los mit mir? Ich falle zurück in Verzweiflung.

Es dauert dann wieder einige Tage, bis ich mich wieder gefangen habe, doch ich versuche es immer wieder aufs Neue damit sich nicht noch mehr Ängste ansammeln, die ich alleine bewältigen muss.

Ich lese auch überall, dass man sich seinen Ängsten stellen soll. Auch der Angst vor der Angst. Paaaah! Wie abstrus und verwirrend das alles für mich ist. Ich gehe es ruhig an. Ich suche mir sofort einen Punkt, den ich fixiere und schleiche so durch die Supermarktgänge. Mal mit Sicht auf den kompletten Raum, mal von Regal zu Regal, zu Personen oder ich konzentriere mich nur auf die rechte oder linke Aktivitäten, die so um mich herum passieren.

Boa sind die Lichter hell, ist mir noch nie so aufgefallen. Auch nicht, das der Boden schwimmen kann und ich mich fühle wie ein Wackelpudding auf zwei Stelzen. Ganz scheußliches Gefühl.

Mir fehlt das Autofahren unheimlich. Meine Freunde müssen mich jetzt immer bei meinen Eltern abholen. Das nervt mich für sie. Mich nervt es. Es schränkt mich tierisch ein. Mein Wesen schrumpft.

Alles, was mich ausmacht, scheint sich aufzulösen. Ich habe das Gefühl, eine innerliche Behinderung zu erleiden, die ich nicht mehr loswerde. Nichts mehr alleine zu schaffen. Das nervt mich ungemein.

Ich kann gar nicht oft genug sagen wie mich das nervt. Meine Freunde können es wahrscheinlich gar nicht mehr hören, wie oft ich sage, dass mich das nervt. Was ein Scheißdreck.

An einem Sonntag ist es dann soweit. Mein Herz pocht wie verrückt und ich weiß nicht, wie weit ich komme, ob ich unterwegs anhalten muss, zusammenklappe, eine Attacke bekomme, aber ich will wieder fahren und ich werde wieder fahren und ich bin gefahren. Mir ging der Arsch auf Grundeis, das kann ich sagen.

Wie bei der Fahrprüfung und danach, wenn man das erste Mal ohne Begleitung Auto fährt. Ich merke wie mein Herz während der Fahrt durch die Tabletten besänftigt wird. Es steigt eine kleine Aufregung im Körper hoch, das Herz pocht schneller und so etwa in der Mitte fährt das Ganze wieder runter und man erlebt ein wohltuendes Gefühl. Crazy...

Ich dachte nicht, dass man das so im Körper wahrnehmen kann. Das passiert öfter bei den weiteren Fahrten. Wenig später gesellen sich Tinnitus Geräusche zu meinem Herzrasen, meiner Schlafstörungen und zu meiner Augenempfindlichkeit dazu.

Den lieben langen Tag vernehme ich ein leichtes Rauschen. Mit den Alltagsgeräuschen wird es zwar übertönt, in ruhigen Momenten beeinträchtigt es mich doch schon sehr.

In meinen Fachzeitschriften lese ich zum Thema interessante Passagen. Normalerweise sind die Geräusche immer da, nur kann das Gehirn das überschallen oder vermindern, so dass wir es nicht wahrnehmen. Mein Gehirn kann das halt eben nicht mehr. Ein Spezialist in Hannover hilft Patienten mit Tinnitus durch chiropraktische Maßnahmen an den Nackennerven, diese zu vermindern. Ich denke daran, einen Termin bei meinem Chiropraktiker zu machen und ihm das zu präsentieren.

Vielleicht hat er schon davon gehört. Zudem hörte ich von einem Freund, dass sein Allergologe mit Akkupunktur vieles bei ihm erreicht hat. Beim Nachforschen auf dessen Homepage lese ich auch, dass er das bei anderen Stressfaktoren anwendet.

Ich mache einen Termin und habe ein Gespräch und er sagt mir, ich sei schon auf gutem Wege zur Besserung und dass die Akkupunktur leider nicht die Depressionen behandelt dennoch könne er mir bei den Ohrgeräusche helfen. Ich bin etwas hin- und hergerissen und beschließe, es doch erst

einmal bei meinem Chiropraktiker zu versuchen.

In der Zwischenzeit bin ich doch wieder am
abrutschen und überlege sogar mich in unserem Zentralinstitut für Psychische Erkrankungen einzuweisen weil ich so verzweifelt
bin, dass das der einzige Weg ist, damit mir
geholfen wird. Ich beschließe diesen Schritt
und gehe mit meiner Mutter gemeinsam dort
hin. Der Ort erschreckt mich und holt mich
auf den Boden zurück.

Ich versuche es lieber mit einem Psychiater oder Therapeuten. Natürlich gerate ich in
die Sommerferienzeit und muss mich durch
die kurzen, wenigen Telefonsprechzeiten
durchtelefonieren. Ich habe kurze, hilfreiche
Gespräche am Telefon bei einem bin ich auf
der Warteliste doch sind die Wartezeiten
leider bis zu drei Monaten oder bis ins
nächste Jahr hinein. Was soll ich bloß tun?
Schaffe ich das alleine?

Viele Gespräche mit meinem Hausarzt
besänftigen mich. Ich erhalte einen Termin
bei einer psychiatrischen Praxis in einein-
halb Monaten. Ein leichter Trost. Eine kleine
Hürde, die ich bewältigen kann. Eine Aus-
sicht, die mir Hoffnung schenkt. Ich suche

dennoch weiter und bekomme recht schnell ein Erstgespräch bei einem Verhaltenstherapeuten.

Schon am Telefon strahlt er Verständnis und Sanftheit aus. Mein Hausarzt hat mir auch zu der Kombination von Medikamenten und Therapie geraten, somit benötige ich eigentlich auch keinen Psychiater, weil er meine ärztliche Kontrolle übernimmt.

Ich hatte bisher vier Vorgespräche mit meinem Therapeuten und da wir uns beide einig sind, dass das gut funktionieren kann, beantragen wir gerade die Therapie bei der Krankenkasse.

Schon die ersten Gespräche haben mir teilweise die Ängste, verrückt zu werden und vollkommen durchzudrehen, genommen. Er zeigt mir auf, dass die Ursache wahrscheinlich aus mehreren Bestandteilen besteht und dass es das jetzt zu ergründen gilt.

Er konfrontiert mich mit seinen Profilerstellungs- und Überblicksfragen mit verdrängten Dingen in meinem bisherigen Leben, die mich in der Zeit bis zur nächsten Sitzung stetig zum Nachdenken über mich selbst und mein Leben bringen.

In den fünfzig Minuten der Sitzung kann ich gar nicht alles Gesagte so schnell verarbeiten und realisieren. Jedenfalls ist von der ersten Minute an gleich ein Vertrauensverhältnis zwischen uns beiden geschaffen, das es mir ungemein erleichtert, offen zu sprechen, obwohl mein Therapeut fremd ist.

Doch konnte ich wirklich bis zu dem Zeitpunkt, auch wenn ich offen zu anderen bin, eingeschlossen meiner Familie und Freunde, das erste Mal über Dinge sprechen, die mich belasten und anscheinend unbewusst schon Jahre in mir schlummern und herauswollen.

Ich gehe mittlerweile wieder zur Arbeit und kann auch alleine im Büro sein, ohne panisch auf dem Schreibtischstuhl zu sitzen. Ich gehe es langsam an und gehe, wenn ich merke, mir wird etwas zu viel.

Einen vollen Achtstundentag kann ich noch nicht bestreiten, dafür schaltet mein Kopf zu früh ab, doch ich habe wieder einen Schritt nach vorne gemacht und ein kleines Ziel erreicht. Ich setze mir jeden Tag kleine Ziele, und wenn es Ziele sind, die ich bis zur nächsten Therapiestunde erreicht haben möchte. Ich spüre, dass mich mein Kopf und mein Verstand nicht ganz verlassen haben. Ich dachte bisher, mich immer selbst reflektieren und therapieren zu können, doch das ist jetzt eine ganz andere Erfahrung.

Ich kann die Kontrolle abgeben und einfach alles rauslassen. Es tut einfach gut, nur zu erzählen. Ohne Wertung oder Gegenwirkung. Mein Therapeut steht nicht über mir, sondern sitzt mit mir in Augenhöhe in unserem Gespräch. Vor diesem Ausgeliefertsein hatte ich am meisten Angst.

Mit Medikamenten ruhig gestellt zu werden und nur noch ein passives Individuum zu sein, das nicht mehr Herr über seine sieben Sinne ist.

Sie wollen wissen warum dieses Buch den Titel »Gundel und ihre kleinen Geschwister trägt?« Ganz einfach! Ich beschloss meiner Attacke einen Namen zu geben, damit die Attacke nicht etwas Unbekanntes in meinem Körper bleibt, sondern etwas Greifbares, mit dem ich lernte umzugehen.

Dass ich etwas zum ansprechen habe wenn mich mal wieder dieses Angstgefühl überkommt. Gundel ist meine unheilbringende Nemesis. Ich hab zwar keine Mumu, aber dafür habe ich eine Muse und eine Nemesis. Nicht das Schlechteste – definitiv.

2.
Kapitel

Was passiert da plötzlich mit mir?
Gundel zieht bei mir ein

*Ja liebe Leserinnen und Leser, bei der aller-
ersten Attacke dachte ich noch, es wäre ein
Herzinfarkt und ich würde nicht rechtzeitig
das Telefon erreichen, bevor ich tot umfalle.*

Der Notarzt ließ sich auch massig Zeit, da
waren dann die Symptome schon arrivederci
auf und davon und ich saß dann nur noch
vor ihm wie ein verängstigtes, kleines
Häschen, am Straßenrand einer Bundes-
straße sitzend, die es überqueren möchte,
obwohl das Waldstück eigentlich ganz nah
ist.

Natürlich konnte ich das alles noch nicht
so richtig einordnen und ließ mich von Kopf
bis Fuß von meinem Arzt des Vertrauens,
meinem Dr. Love, wie ich ihn gerne pflege
zu nennen, oder passend vielleicht auch Dr.
Stephan Frank, der Arzt, dem die Frauen
vertrauen.

Nichts. Nada. Niente. Alles in bester Ordnung. Gesund und munter wie ein neugebo-
renes Kälbchen.   Die zweite Attacke kam
schleichend, baute sich allmählich auf, um
dann volle Karacho loszupoltern und in mir
drin ein mächtiges Tohuwabohu zu veranstalten.

Ein Trümmerhaufen von Gefühlsfetzen
und Muskelzuckungen. Es folgten ihr die
bekannte Schlafstörung, die Depression, die

Angstzustände, die Reizüberflutung, so eine typische wild durchgewürfelte Girlie-Band, wie beim Popstar-Casting damals. Ach, halt! Die unausweichliche Müdigkeit fehlt noch.

Die Nachzüglerin, die eigentlich im Halbfinale rausgeflogen ist und dann doch noch überraschenderweise mitmischen darf.

Als die Attacke nun Teil meines Lebens wurde, beschloss ich, ihr einen Namen zu geben. Gundel war geboren. Ich gebe oft Dingen Namen; ein Tick von mir, aber Gundel finde ich klasse, Sie nicht auch?

Nein? Sie dürfen Ihrer Attacke selbstverständlich, je nach Belieben, Namen, Beschreibungen, Umschreibungen, Synonyme oder anderes geben.

Jedoch hat nicht nur Gundel Einzug in mein Leben genommen, sondern auch schwächere, kürzere Attacken, die weniger Symptome in meinem Körper aufweisen und mich weniger piesacken. Gundels kleine Geschwister.

Sie schickt sie, wenn die große Schwester ihren Schönheitsschlaf braucht, um dann wenig später ihren richtigen, glamourösen Auftritt hinzulegen. Ich fühle mich und sehe auch nach ihrem Show Act aus wie eine überfahrene Zwiebel.

Hauptsache Madame kann glänzen und strahlen. Ihre neugewonnene beste Freundin

Depressina gesellt sich mal mehr mal weniger dazu, je nachdem wie viel sie zu bequatschen haben. Styling, Shopping, Girlietalk. Wie zwei IT-Girls eben.

Sie verstehen?! Alle unangenehmen Empfindungen, Störungen und Krankheitssymptome tragen einen weiblichen Namen.

Wieso denn bloß? Ist das ein Rachefeldzug von Mutter Natur? Ein ausgesprochener Vodoozauber von verärgerten feministischen Mikroorganismen?

Ich verstehe es nicht, da es aber natürlich auch das weibliche Geschlecht genauso hart trifft mit Burnout, muss ich wohl von meinen Thesen und Gedanken ablassen und überlasse es dem Zufall in unserem Organismus zu.

Fassen wir nochmal zusammen:

- die Panikattacke
- die Depression
- die Müdigkeit
- (der) Angstzustand, ha! Halt nein, (die) Angstzustände, pardon
- die Schlaflosigkeit

Gibt es deswegen eigentlich schwule Männer, also Männer, die auf Männer stehen, weil die negativen Körpergebrechen weiblicher Natur sind, dann wären doch aber alle lesbischen Frauen sadomasochistisch, nein auch den Gedanken muss ich leider wieder verwerfen. Totaler Quatsch!

Gundel, bleibt Gundel! Schluss! Aus! Finito! Da wird nichts mehr maskuliner daran. Egal wie ich es drehe und wende. Sie bleibt, was sie ist. Meine neue treue Weggefährtin.

Bei Wald- & Wiesenspaziergängen übrigens schickt das bequeme Miststück natürlich lieber eher mal wieder ihre kleinen Geschwister mit, weil sich die Gute zu fein ist für Schlamm an den Schuhen. Und die frische Luft schadet ja auch ihrem Teint.

Tö tö tö tö tö. Mir soll es Recht sein, ich muss sie auch nicht überall dabei haben. Im engen, stickigen, lauten Flugzeug dagegen fühlt sie sich pudelwohl. WHAAAT THE FUCK? Schnuppert sie VIP-Blitzlicht nach der Landung oder was ist hier verkehrt?

Da wir beide keine Zwillinge sind, muss ich mich erst einmal, wie in jeder neu gewonnen Partnerschaft, an ihre Gewohnheiten und Macken herantasten. Gundel, Gundel, Gundel, wen hab ich mir da nur angelacht?

3.
Kapitel

Wer bin ich eigentlich?

Mein Therapeut meinte zu mir, ich solle die Panikattacken umschreiben, und nicht nur das eine Wort verwenden. Puh, gar nicht so leicht und erfordert von Anfang an vollen Einsatz meines Geistes. Okay, dann versuche ich es eben anders zu beschreiben.

Beim Mitteilen oder Erzählen finde ich es zwar sehr umständlich alles zu wiederholen, da die Zeit mit fünfzig Minuten nur sehr knapp ist. Wahrscheinlich steht in seinen Notizen, dass ich nicht von dem Wort loskomme. Mich festgebissen habe.

Innerlich er seine Augen verdreht, so wie ich bei dem Wort Konsistenz. Jeder Teilnehmer beim Perfekten Dinner auf dem deutschen Fernsehsender VOX benutzt das Wort bei seinen Beurteilungen am Ende.

Mittlerweile benutze ich es selbst, weil ich einfach kein anderes Wort für den Zustand von Nahrungsmitteln finde. Jedenfalls, was einmal im Kopf fest verankert ist ist eben schwer wieder loszulassen. Was macht meine Panikattacke zur Panik und zu einer Attacke?

Betrachten wir nun mein Leben ein wenig genauer:

Ich lebe seit zwölf Jahren alleine. Der klassische Single-Haushalt eben, wenn man so will. Bis auf kleinere Gefühlshochs und /-tiefs über diesen Zustand, und immer kleineren Geschichten und Techtelmechtels, hatte ich nie Probleme damit, ein Single-Leben zu führen. Es gab Phasen, da fand ich es sogar von Vorteil und lustiger weise hatte ich sogar seit einem halben Jahr, bevor das alles mit mir passierte, zum ersten mal das Gefühl, befreit von der ganzen Sucherei, den ganzen Versuchen, jemanden kennenzulernen, mit dem man eine Beziehung aufbauen kann, zu sein.

Ich finde es sehr befremdlich, dass jetzt genau das Gegenteil eintrat und mir das mehr denn je fehlt.

Ich nicht mehr alleine sein möchte. Mir das eigene familiäre Umfeld fehlt, das sich jeder nach Auszug aus seinem Familienheim wünscht und gestaltet.

Im Durchschnitt und auch die Wahrscheinlichkeit abgezogen inwieweit man das als Homosexueller erreichen kann und wird. Hat sich die Gesellschaftsstruktur zwischenzeitlich so verändert, dass das eigentlich heutzutage ein generelles Problem geworden ist und nicht nur uns Homosexuellen Schwierigkeiten bereitet.

Es fing ab Erreichen meines dreißigsten Lebensjahrs an. In den Zwanzigern war das nie ein Thema. Weit entfernt und nur eine geringe Möglichkeit meines eigenen Wollens. Dann kamen die Dreißiger und mit jedem neuen Lebensjahr wächst meine Sehnsucht. Meine wilde Partyzeit war sowieso noch nie so stark ausgeprägt, aber auch da schwindet die Lust immer mehr, feiern zu gehen. Mittlerweile habe ich ja auch fast eine Woche danach Katerzustände, wer will das schon? Ruhige Abende mit Freunden oder Familie sind immer mehr angesagt.

Halt! Spieleabende werden nie mein Steckenpferd. Früher liebte ich Gesellschaftsspiele. Heute eher weniger bis bitte, bitte, lasst uns lieber einen Film gucken oder quatschen.

Wer weiß, was meine Psyche in Zukunft noch so alles ändern möchte in mir. Vielleicht werde ich Weltmeister im Strategiebrettspiel Siedler von Catan? Mit der einen heftigen Attacke am Sonntagabend im Juli entwickelte sich urplötzlich diese Angst.

Die Angst zuhause alleine zu sein, generell alleine zu sein, die Angst, zuhause alleine zu sterben, weil niemand neben einem liegt. Das war und ist ein schlimmes Gefühl.

Ich hatte bisher noch nie so eine rauschartige Empfindung, dass ich fluchtartig meine eigenen vier Wände verlassen musste, um Unterschlupf bei Freunden und Familie zu suchen. Diese Attacke, sie merken schon, ich lasse die Vorsilbe Panik bereits weg, beinhaltete körperliche Symptome.

Zittern, Atemnot, Schwindel, presslufthämmerndes Herzklopfen, Reizüberflutung der Sinne, Gedankenraserei. Für mich eine ganz, ganz schreckliche Erfahrung. Recht schnell kamen dann depressive Schübe dazu. Alles in allem ist mein ganzes Ich, meine Psyche, mein Geist wie ein Kartenhaus in sich zusammengefallen.

Sie denken, Geist und Psyche ist dasselbe? Nein, das wurde mir bei meiner ersten Yogastunde schnell bewusst, dass das nicht so ist, dazu später mehr.

Nun stand ich vor dem Trümmerhaufen. Alles schien weit weg zu sein. Unerreichbar und unbegreiflich. Eine Schockstarre. Ich fühlte mich allein und verloren. Suchte Schutz und Geborgenheit, wie ein streunender Hund von der Straße. Doch jetzt, wo ich das schreibe, ja genau so fühlte ich mich! Ich wollte in den Schoß meiner geliebten Familie zurück.

Wie damals, bis man erwachsen wird und auszieht, um sein Leben selbst zu bestreiten. Ich konnte es nicht mehr. Wollte mich in der Höhle mütterlicher Zuwendung und Liebe verkriechen und nie wieder herauskommen. Es gibt so viele Umschreibungen und Metaphern für das Verkriechen.

Herausnehmen und Loslösen von seinem Alltag. Das ganze letzte Jahr (also in 2017) merkte ich leichte psychische Lähmung, Überforderung, doch schob ich das auf den Stress bei der Arbeit und die vielen Umbaumaßnahmen meiner Eltern in ihrem neuen Haus die letzten zwei Jahre.

Dazu kamen mehrere Baustellen auf der Arbeit dazu. Der Umzug meiner Großmutter in ein Seniorenheim und das Leerräumen und Verkaufen ihres Reihenhauses. Es legte sich auch etwas nach dem akuten Zeitraum.

Ich bin ja auch jung, mitteljung, gesund und sehr stressresistent. Renovieren macht ja auch nicht nur Arbeit, sondern total viel Spaß, wenn man danach das Ergebnis sieht, was man mit seinem Arbeitseinsatz und seinen bloßen Händen erreicht hat.

Als wir mit allem fertig waren, überkam mich ein Powergefühl. Meine künstlerischen Synapsen sprudelten auf einmal los. Ich fing an zu malen. Setzte meinen MP3-Player auf die Ohren und schon schoss es nur so aus mir heraus. In diesem Schwung produzierte ich an die zwanzig Bilder. Auf Leinwand oder nur auf Acrylpapier, aber es wollte alles raus.

Ich bin grundsätzlich schon immer auf irgendeine Art und Weise kreativ, habe auch einen kreativen Beruf erlernt, doch war das jetzt Neuland für mich und ich war überrascht, so mal bei mir meist Leere herrscht, wenn ich vor irgendeinem leeren, weißen Untergrund stehe.

Musik ist übrigens meine Muse. Die letzten Monate war eher das Gestalten von Fotobüchern meine kreative Leidenschaft.

Auch das schoss so aus mir heraus. Ich fand das befreiend, doch anscheinend war das wieder zu viel und ich kam in diesen leichten Erschöpfungszustand zurück. Müde und träge. Lustlos, irgendetwas zu machen.

Also blieb ich bei den Urlaubsfotobüchern und die Malerei ließ ich wieder schleifen. Wenn ich nichts mit Freunden unternommen habe, habe ich mich wirklich dann nach der Arbeit zuhause verkrochen, aber war immer am Tüfteln am Basteln am Ideen ausarbeiten. So wirklich nichts tun kommt bei mir recht selten vor. Bzw. ist mir nie wirklich langweilig und ich weiß mich immer irgendwie zu beschäftigen.

Nur merke ich, wenn ich zu viel mit mir alleine war oder wenig mit jemandem unter der Woche gesprochen habe, telefoniert habe oder gesehen habe, hat das bei mir dann immer eine Doppelwirkung.

So, als ob ich wochenlang mit niemanden Kontakt gehabt hätte. Es kommt zwar selten vor, dass plötzlich alle weg sind, in Urlaub, beschäftigt oder nicht erreichbar, aber das kann durchaus eben auch der Fall sein und dann schlägt irgendwie meine Psyche zu.

Und nach eben so einer Situation in diesem Jahr; es waren Feiertage mit Wochenende, da war die Geburtsstunde, Sonntagabend, der ersten Attacken, nach einem eigentlich schönen Familiengrillen mit meinen Eltern. Ich liste Ihnen mal meine Symptome auf, die mir meine Attacken so rein körperlich raushauten, wenn sie das irgendwo fachliterarisch nachlesen, finden sie dann ähnliche bis alle Symptome auf einen Haufen – und mit Fachbegriffen.

Jeder kann aber auch unterschiedliche Symptome haben:

- plötzliches Ohnmachts-& Schwindelgefühl (es wird einem leicht schwarz vor den Augen)

- die Luft bleibt einem weg, man glaubt zu ersticken

- das Herz pocht ganz schnell, bis es nicht mehr aufhört zu rasen

- man wird von einer Todesangst überrannt, weil man glaubt, einen Herzinfarkt oder einen Erstickungsanfall zu erleiden

- der Körper baut eine leichte Unruhe auf

- Finger, Arme, Beine fangen an, zu kribbeln

Wer noch nie Todesangst gespürt hat, wird sie mit der ersten Attacke auf jeden Fall spüren, denn ich hatte bis dato noch nie so etwas empfunden. Angst schon.

Als Kind vor der dunklen Ecke im Kinderzimmer oder Angst davor im Dunkeln allein durch die Wohnung oder das Haus zur Toilette zu laufen.

Angst davor, zur Schule zu gehen, weil man gemobbt wird. Prüfungsangst oder die Angst, was die Zukunft so für einen bereithält. Aber das sind alles greifbare, verständliche Ängste, von denen man den Ursprung kennt. Doch tauchen plötzlich verschleierte Ängste auf, dann wird es eben kompliziert.

4.
Kapitel

Liebes Tagebuch...

Anfang September 2017

Die Tabletten haben mich ruhiger gemacht. Leichte bis keine Panikattacken mehr bei Stresssituationen. Ich merke aber, wie sie sich in meinem Körper aufbauen und eingedämmt werden.

Nicht nur bei der Autofahrt, sondern auch bei anderen alltäglichen Dingen. Ein warmes, kribbelndes Wohlgefühl ereilt mich. Das finde ich schon mal sehr positiv. Die Artikel und Lektüren, öffnen mir die Augen und unterstützen mich beim Analysieren und Entstauben meines Lebens.

Ich fange mit Atemübungen und Meditation an. Es sind Achtsamkeitsübungen, nicht direkt Meditation. Absolutes Neuland für mich. Bin es nicht gewohnt, etwas völlig im Stillen zu machen und nur auf meinen Körper und meine Atmung zu hören.

Doch man kann in dieser Zeit abschalten. Ich bin kein Mensch der einfach zuhause sitzt oder an einem Ort und nur in den Raum oder die Umgebung schaut, ohne etwas dabei zu tun. Aber genau das ist, was man lernt. Es stabilisiert meine innere Unruhe.

Natürlich funktioniert das nicht gleich auf Anhieb. Es ist aber ein kleines, weiteres Ziel, das ich mir setze, um mich mit mir auseinander zu setzen. Ich bin immer noch bei meinen Eltern, doch ich merke, mein Wunsch, wieder nach Hause zu gehen, wächst. Ich brauchte die zwei Monate die Geborgenheit und das Auffangen meiner Familie. Jetzt stärkt sich aber der innere Wille, es wieder zuhause alleine zu schaffen.

Es ist kein Egoismus, dass ich jetzt meine Eltern emotional ausgesaugt oder ausgenutzt hätte, ganz im Gegenteil. Unsere Beziehung hat sich in der Zeit sogar total verbessert. Wir haben mehr Zeit miteinander verbracht. Mehr Gespräche geführt.

Mehr Familiensinn entwickelt. Das ist leider durch unsere Arbeit und der damaligen Entfernung ihres Wohnortes nicht so möglich gewesen. Familiär hatten wir nur oft die Feiertage und auf der Arbeit stand uns die Ablenkung im Weg. Oft unterhalten wir uns nur zwischen Tür und Angel, weil wieder ein Problem oder Ereignis dazwischen funkt.

Ich bin froh, dass wir eine neue Basis erreicht haben, da mir das Familienleben doch sehr fehlt.

Letzte Septemberwoche 2017

Gestern war es nun endlich soweit. Ich bin wieder mit meinen Koffern nach Hause zurück. Das Panikgefühl war verschwunden. Ich kann mich wieder in meiner Wohnung normal aufhalten und atmen. Ich war alleine einkaufen und danach fing ich mit Achtsamkeitsübungen an.

Das war sehr entspannend. Alles lief gut. Ich duschte mich vorm zu Bettgehen. Dann legte ich mich in meine Federn und wie der Teufel es will, wie ein umgedrehter Schalter fing wieder eine Attacke an.

Da half nicht mal die starke Beruhigungstablette. Ich kann zwar mittlerweile damit umgehen, aber es bleibt mir nach wie vor ein ungelöstes Rätsel. Wo ich doch im Urlaub und bei meinen Eltern tief und fest schlafen konnte. Mensch, was ist das bloß?

Sehr, sehr nervig das alles hier! Ich bin nun auf die Couch im Wohnzimmer ausgewichen – dort funktioniert es komischerweise. Ich hatte kein schlimmes Erlebnis im Schlafzimmer. Sogar das dunkle Wald grün an den Wänden empfand ich bisher gemütlicher als die Farben davor. Okay, das

Wohnzimmer muss eine andere Wirkung auf mich haben.

Also wird mein nächstes kleines Ziel sein, mich wieder zurück in mein Bett zu kämpfen. Dass man sich sogar jetzt noch Etappen schaffen muss, die man erreichen muss, obwohl man sich schon in seinem eigenen Umfeld befindet. Irgendwie überrascht mich das aber nicht mehr.

Die Woche danach verlief recht gut, auch wenn ich am Montag bei meiner Rückkehr viele Ängste und Bedenken hatte. Langsam verstehe ich zu begreifen, kann ich eher wahrnehmen, was mich belastet, was mich stresst und Unruhe in mir auslöst und ich kann dem Ganzen gegensteuern.

Ich gönne mir mehr Ruhephasen. Entschleunige meinen Alltag, so wie es mir die Übungshefte für Entschleunigen versuchen, zu vermitteln. Mache wieder mehr Sport. Badminton, Schwimmen, Laufen, Wandern.

Habe einen neuen Morgenrhythmus, bei dem ich jetzt einfach mehr Zeit für mich habe, in Ruhe frühstücke, gelassen an den Tag herangehe. Stressfrei in den bevorstehenden Stresstag. Ich frühstücke nie alleine morgens, dass ist wohl einer der größten Veränderungen momentan.

Fast jeden Tag mit Frühstücksei. Mittelweich. Lecker. Spät abends ab 22 Uhr zu essen habe ich mir abgewöhnt. So wache ich mit Bärenhunger auf und freue mich auf meine Minuten mit meinem Frühstücksei, grünen Tee oder Kaffee, Toast und mal ein Joghurt. Nicht zu vergessen das Wunderelexir, der *Omega drei Fettsäurennahrungsergänzungspowersirup*.

Das rast mit extra viel Schmackes durch die Blutbahn und verleiht dem Tag nochmal einen Extra- Kick. Alle meine Mahlzeiten spielen sich nur noch in der Küche ab, ohne Computer, Fernsehablenkung oder Musik.

Vielleicht läuft mal eine Meditations-CD. Ein neues Ruheritual, um meine Sinne zu erholen. Im Schlafzimmer kann ich nach wie vor nicht schlafen, aber ich taste mich heran. Meine Depressionen sind bisher nicht mehr aufgetaucht.

Überhaupt sind meine kraftlosen Gedanken und Anspannungen verschwunden. Die Attacken sind allerdings wieder stärker geworden. Alles braucht seine Zeit, nicht wahr?

Achtsamkeitstraining

Sei heute einfach mal im Hier und Jetzt.

Schaff dir nur für 5 Minuten einen Raum und genieße den Moment. Setzt dich hin oder such dir einen bequemen Platz zum hinlegen.

Schließe deine Augen und lausche deinem Atem.

Es gibt nur dich. Du spürst nur deinen Körper der sich langsam entspannt. Tief einatmen und lange ausatmen.

Bewerte nichts.

Alles ist erlaubt!

5. Kapitel

Gundel und Ich - Wie in einer Zweier-WG

Hach ja, da fängt man nun mit sportlichen Aktivitäten an, müht sich ab, setzt seinen Körper unter Adrenalin und suhlt sich im Schweiß, weil man überall liest, es würde helfen und Stoffe im Gehirn freisetzen, und dann präsentiert mir Gundel, ganz frech, ihre neue kleine Halbschwester Olga, die russische Muskelzuckerakrobatin.

Dass Gundel russische Wurzeln hat, vermutete ich schon seit geraumer Zeit. Ich kenne zwar keine russischen Kampfmethoden, den Feind anzugreifen, doch schickt sie mir seit Tagen Signale. Mikroskopisch kleine, partikelartige Charaktereigenschaften von Olga.

Ein ausführlicher Lebenslauf hätte es auch getan! Mal kneift sie mir kurz ins Bein, mal hängt sie sich an meine Arme dran, mal vergnügt sie sich mit meinem Nacken, immer mit der Prämisse, dass ich sie ja nicht unter den ganzen anderen Geschwistern übersehe.

Nach dem Schwimmen gestern hatten wir dann den offiziellen Vorstellungsmoment.

Ich schaffte es gerade noch, nach Hause zu fahren, da wartete Gundel schon sehnsüchtig auf mich, wie auf heißen Kohlen. Ist man nicht normalerweise der Gastgeber oder Gästeempfänger in seinen eigenen vier

Wänden? Es entwickelte sich mehr und mehr zu einer WG, wie es mir scheint. Jedenfalls hat mich Olga sehr gerne.

Von Anfang an war gleich eine sehr starke Anziehung zu meiner Wenigkeit zu spüren. Sie ist noch sehr klein und anhänglich. Sehr verspielt. Fast schon putzig die Gute, doch habe ich eigentlich überhaupt keine Zeit, mich um eine Schwester zu kümmern. Es zeugt ja von mütterlicher Fürsorge, dass sich Gundel die letzten Tage zurückgenommen hat, um ihren Schwestern mehr Zeit mit mir zu verschaffen. So What! Die kleinen Sisters sind mir allemal lieber als die pubertierende, zickige, divenhafte große Schwester. Wie Olga herkam, habe ich noch gar nicht berichtet. Zu den ganzen Geschwistern gibt es doch tatsächlich einen Vater. Titus. Titus von der Gröbe.

Titus Tinnitus. Oder der Große Sausebraus in deinem Ohr summt herum. Großer Mann hat große Namen. Titus war nun zu Besuch, und im Schlepptau eben seine Tochter Olga aus zweiter Ehe.

Die Mutter, möchte ich gar nicht kennenlernen. Am Ende hat er sich mit einem Zitteraal gepaart, so hyperaktiv wie Olga ist. Es gibt nichts, was es nicht gibt, und so bleibe auch ich offen und tolerant und gastfreundlich. Nun hab ich den ganzen Familienclan in meinem Stübchen hocken.

Es summt nur noch um mich herum. Ich würde gegen einen summenden Bienenschwarm tauschen, denn die schlafen wenigstens irgendwann von alleine.

Wo genau betäubt man Bienen nochmal mit Schwefel, um an den Honig zu gelangen. In irgendeiner Geo-Zeitschrift oder Taff-Fernsehsendung habe ich davon gelesen oder gehört. Soll ich mich vielleicht mal einschwefeln lassen.

Eine Nasendusche mit Schwefelpulver füllen? Sie können sich sicher ungefähr vorstellen, wie nervenaufreibend solche Familientreffen sein können.

Man merkt, dass Titus seine Familie im Griff hat. Selbst bei seiner jahrelangen Abwesenheit trotzdem die Autorität und Strenge behalten hat. Das lärmende Oberhaupt des Familienclans. Ich bekomme mit, wenn er morgens aufsteht, alle Viere ausstreckt und seine müden Knochen in Gang bringt.

Wenn er Mittagsschlaf hält. Wenn er gut oder schlecht gelaunt ist. Zumindest macht die Bande gelegentlich Ausflüge und gönnt mir ein paar Ruhephasen. Titus lebt eigentlich im Süden. Er hatte vor Jahren seine Frau und Gundel und die anderen Kids verlassen, um wie Gundel sagt, seinen Künsten zu frönen. Wohl eher, die Frauen in anderen Häfen klarzumachen. Vielleicht sucht Gundel deswegen eine männliche Bezugsperson, und ich mit Bart, leicht gräulichen Haaren und Mitte dreißig, passe wohl genau in Titus' Profil.

Mist, Mist, Mist Mist, Mist, ich bin zu jung, um schon Vater von so vielen Kindern zu sein *heul*. Kennen Sie den Film Starbucks, französisch-kanadische Produktion. Samenspender wird von dreihundert über die Samenbank vermittelten Kindern verklagt. Nicht ganz so dramatisch, aber so in etwa. Unbedingt anschauen! Toller Film!

6.
Kapitel

Mindfulness

In diesem Kapitel geht es um Techniken (Brainstorming mit der Psyche und des Geistes), die mir helfen mehr Achtsamkeit und Ruhe in mein Leben zu bekommen und Probleme besser anzugehen.

Einfach vor ein leeres Blatt Papier setzen und versuchen, einen ruhigen Moment zu finden und den Kopf alles ausspuken zu lassen, was ihm zu diesem Brainstorming-Überbegriff den sie gewählt haben, einfällt.

So können Sie Thema für Thema abarbeiten und werden sicher einiges Neues, lang Verdrängtes, wieder zum Vorschein bringen. Lassen Sie Ihren Tränen und Ihrer Wut freien Lauf. Schreiben Sie ohne lange zu überlegen. Schnell oder langsam.

Sie bestimmen das Tempo. Kritzeln Sie drauf los oder machen Sie sich eine geordnete Brainstorming-Grafik. Machen Sie sich keinen Druck, sondern legen sie einfach los. Es gibt keine Kritiker, niemand der Ihnen Druck macht. Es ist Ihr Papier oder Ihr Notizbuch. Es kann aussehen wie Sie das möchten. Ob Sie es schlampig führen oder ordentlich. Es ist Ihnen überlassen.

Es gibt niemanden, der Sie zensiert. Sie sind ihr eigener Boss. Einzig und allein die Wirkung der Übung zählt.

<u>Mindmap Übung 1</u>

Was macht mich wütend?

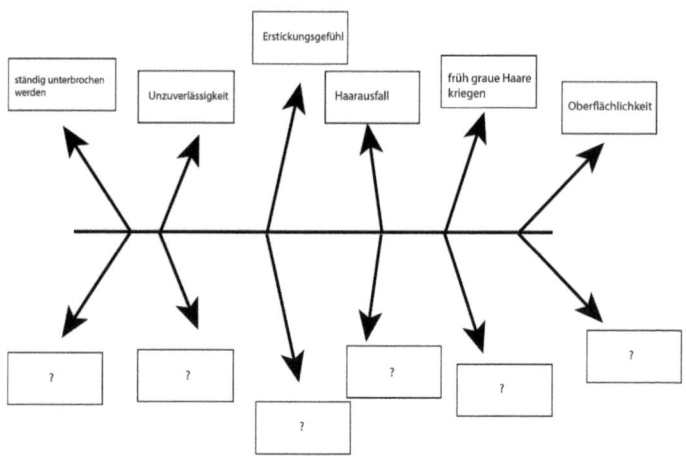

Mindmap Übung 2

Wie bin ich? Was macht mich aus?

Nehmen Sie sich die Zeit, Ihr eigenes Wesen zu beleuchten und stellen Sie Ihre positiven und negativen Eigenschaften gegenüber.

aufgeschlossen

kreativ

unterhaltsam

ICH

humorvoll

vertrauens-würdig

ehrgeizig

liebenswert

Wiederholen Sie die Übung gerne ofter in gewissen Abstand um zu sehen, ob sich etwas geändert hat. Sie werden sehen, wie sehr es helfen kann, wenn man sich gezielt mit seinen Dämonen beschäftigt und wie gut man gegen die Dämonen ankämpfen kann, wenn man sie sich erstmal bewusst ins Gedächtnis gerufen hat.

7. Kapitel

Liebes Tagebuch...

2. Oktoberwoche 2017

Gestern war ich im Wald wandern. Unglaublich, wie frei man sich dabei fühlen kann. Ich habe es früher buchstäblich gehasst, durch den Wald zu laufen. Spaziergang oder Tageswanderungen. Ich wollte nie mit meinen Eltern mit.

Jetzt zieht es mich immer mehr an. Es macht meinen Kopf frei. Mein Geist kann atmen. Die frische Luft strömt durch meine Atemwege. Es war auch sehr amüsant, dass die ganzen Frauen, die ebenfalls im Wald spazieren waren, von unseren gesammelten Ästen und dem Gestrüpp so begeistert waren. Es war nicht nur Wandern, sondern eine kleine Befreiungsodysee.

Getarnt waren wir wie Lehrer, die für die Schulklasse Anschauungsmaterial im Wald zusammensuchten. In Wirklichkeit hat unsere schwule Do It Yourself-Gruppe Dekomaterial gesammelt, wo jede/er »*Mein Schöner Land*« – Leserin/Leser oder jeder Pinterest-Fan etwas vor Neid erblassen würde. Wir fürchteten bei den Ü40- und Ü50-Mädels etwas um unser Sammelsurium.

Aus einem entspannten Tütentragen wurde ein fest in die Faust gepresstes Tütenhänkelhalten und ein »Nur heil durch die Wälder Kommen.«

Nach der Drei-Stunden-Wanderung tat mir alles weh, was gut wahr, so konnte ich fix und fertig einfach ins Bett fallen und mein Körper war frei. Hatte ich schon erwähnt, dass ich mit Joggen angefangen habe? Ich habe immer noch Erinnerungslücken.

Es fällt mir nach wie vor schwer, meinen Kopf und mein Gehirn zu belasten. Jedenfalls bin ich gestern beim Laufen im Wald eine neue Strecke gelaufen.

Trimm-d ich-Pfade sind zwar in Ordnung, aber ich bin keiner, der gerne im Kreis läuft. Ich mag Weite. Große Rundwege, bei denen man zwischendrin Abzweigungen nehmen kann. Ich brauche im Moment Frei-heitsgefühle. So kleine Neunhundert-Meter-Pfade sind da eher nur zum Aufwärmen geeignet.

Hier kann ich atmen. Abschalten. Ideen sammeln. Ideen Raum geben. Abge-schiedenheit spüren.

Gerade weil ich im Moment wieder tausend Dinge auf einmal erledigen könnte, brauche ich einen Ort zum Sammeln und Ordnen, weil ich denke, nicht genügend Zeit zu haben.

Es ist nicht einfach, sich abzulenken und gleichzeitig sich durch Ablenken nicht wieder zuviel Druck zu verursachen.

15. Oktober 2017

Seit gestern fühle ich mich wieder miserabel. Ich war morgens laufen, alles in Ordnung, dann war ich einkaufen, zuhause duschen und dann kam die Müdigkeit und die schlechte Laune.

Vielleicht habe ich nur einen kleinen Infekt oder nur ein Wochenendtief, doch alles generell normal Negative wirkt sich bei mir im Moment einfach doppelt so schlimm aus und ich rutsche wieder in die Körpergefühle wie am Anfang.

Es ist keine direkte Depression, sondern eher wieder diese negative Überlastung. Ich hatte das bisher so gut in den Griff bekommen, doch anscheinend benötigt es nicht viel, damit ich mich wieder mies fühle.

Es nervt so ungemein, geistig so eingeschränkt zu sein. Man weiß nicht, was einen erwartet.

Wie ein »Reload« oder ein »Relaunch« der eigenen Körperempfindungen. Ständig Atemübungen machen müssen, hier Ruhe suchen. Mein ganzes Leben stellt sich auf den Kopf. Eines Abends musste ich bei einem Horrorfilm sofort aus dem Kino, weil ich wieder eine Attacke bekam. Mir ist klar, dass die Tabletten nicht immer alles eindämmen und nicht jeder Tag gut verläuft.

Doch ich hasse es dass diese neuen Gefühle meinen ganzen Rhythmus durcheinanderwirbeln und jede meiner Bemühungen zunichte gemacht werden.

Ich mache den ganzen Jahreskalender voll Kreuze, wenn ich das überstanden habe. Werde ich es je wirklich überstehen, oder muss ich mich damit abfinden, dass ich jetzt teilweise anders ticke und anders leben muss?

19. Oktober 2017

Was mir zu meiner heutigen Attacke einfällt, obwohl der Tag zuvor super gelaufen war.

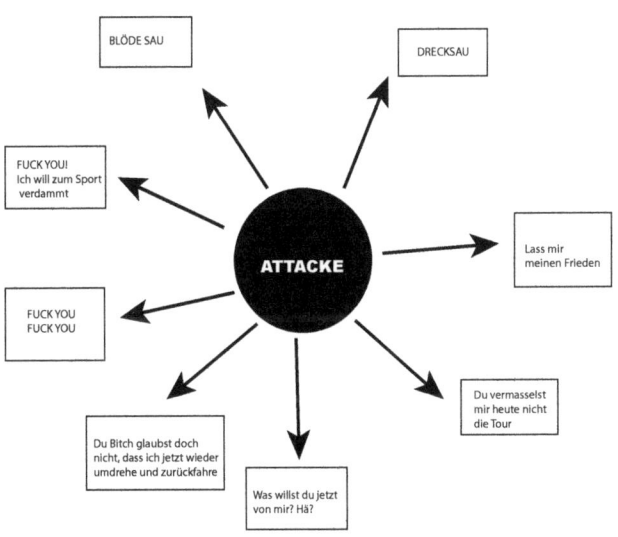

FUCK FUCK FUCK FUCK FUCK!!!!

Letzte Oktoberwoche 2017

Aus guten und schlechten Tagen werden langsam gute und schlechte Wochen oder weniger tolle Wochen. Gemischte Wochen. Anstrengend ist es nach wie vor, weil ich nie weiß, wie mein Tag nach dem Aufstehen morgens verlaufen wird. Es ist immer eine Achterbahnfahrt auf dem Rummel durch meinen Körper und meinen Geist.

Als hätte er sich neu konfiguriert. Ich fange an, mich an meine Veränderungen und Umstellungen zu gewöhnen.

Ich kann wieder in meinem Bett schlafen, ohne panisch zu flüchten. Kleine Schritte, kleine Ziele, große Wirkung. Gestern hatte ich mir eine neue Wohnung angeschaut und tatsächlich eine alte Freundin wiedergetroffen. Wir waren vor etwa zehn Jahren sehr gut befreundet und hatten uns dann leider aus den Augen verloren.

Sie hat sich kaum verändert. Immer noch derselbe, fröhliche, aufgeschlossene Mensch, der sie damals war, nur jetzt mit Ehemann und Kindern. So bitter das im Moment für mich ist so wird mir klar, dass sich mein Körper und mein Geist befreien mussten, und die Attacken, Reizüberflutungen und Depression diese Befreiungsmechanismen sind. Zumindest fühle ich neue Energie. Ich bin viel offener und interessierter für alles geworden.

Mein Geist hat sich befreit. Meine kreativen Synapsen sprudeln wie ein Geysir. Ich nutze den Tag um einiges mehr.

Ich beginne ihn ruhiger und gelassener und erlebe ihn intensiver als zuvor. Hoffentlich sind die Panikattacken nicht der Preis dafür und bleiben jetzt Teil meines Lebens. Oh noooo. Bitte nicht!!!

Am Samstag habe ich erfahren, dass Andreas versucht hat, sich das Leben zu nehmen. Wir wollten eigentlich jetzt am kommenden Dienstag zusammen wandern gehen. Wäre unser zweites Date gewesen und dann peng, schreibt er mir DAS.

Er wäre jetzt stationär aufgenommen worden. Ein weiterer Schock, der mir bewusst machte, wie viele Probleme mit der Psyche haben und welche Ausmaße das haben kann. Irgendwie sind meine Liebesversuche immer vorbelastet und stehen unter keinem guten Stern. Ich hatte mich so auf unser zweites Wiedersehen gefreut und dann fall ich wieder in ein Loch. Besser gesagt, ich kann immer noch nicht gut mit negativen

Situationen umgehen. Ich bin dann in den Wald und habe meine Wut herausgeschrien.

Habe geweint und mich ausgepowert. Was ist das denn auch bitte für eine Basis? Zwei mental Beeinträchtigte, von denen einer immer selbstmordgefährdet ist?

Auch wenn mir mein Zusammenbruch den Kopf freigemacht hat und ich einige Blockaden lösen konnte, ich viel offener, zugänglicher und wahrnehmungsstärker wurde, habe ich nicht darum gebeten, alles vom Leben erfahren zu müssen.

Ich schien Jahre unter einer Schutzkuppel gelebt zu haben und jetzt fühlt es sich an wie ein Nachholen von Dingen, die in der Warteschlange anstehen, die ich scheinbar Jahre ausgeklammert habe.

8. Kapitel

Auf und davon und wo bleibe ich? – Gundel macht Ferien

So ist das. Man lässt alles stehen und liegen, packt seine Koffer und macht sich irgendwo einen faulen Lenz. So auch meine liebe Gundel. Gundel hat einfach mal so beschlossen mit ihrem Vater Titus wegzufahren und mich mit der Horde Geschwister alleine zu lassen, die mir dann auch ordentlich einschenkten.

Ich kann nicht mehr in Ruhe essen, fernsehgucken, Autofahren, arbeiten, ins Kino oder Theater gehen. Überall heften sie sich an meine Versen, wo sie nur können und wollen rund um die Uhr beschäftigt werden.

Ich mag Kinder, wirklich, doch manchmal ist es zu viel des Guten. Ich bin ja kein Kindergartenerzieher, der plötzlich mit dreißig wildgewordenen Kinder klarkommen muss, weil wieder alle Kollegen krank sind oder blau machen oder streiken oder einfach generell keine Stelle besetzt wird.

Selbst wenn sie nicht aktiv sind, hecken sie im Stillen etwas Gemeines aus. Ich spüre ihre Unruhe, ihre Sehnsucht nach ihrer Schwester. Als könnt ich was dafür, dass Lindsay Lohan mal wieder ihren Selbsttrip braucht und sonst wohin verschwindet.

Nicht mal ein Brief oder eine kleine Notiz, die blöde Schachtel. Ich versuche die Kids mit Meditations- & Atemübungen zu beruhigen.

Baldrian half schon am Anfang nichts und die Betäubungspillen die ich ihnen ins Essen drücke und verstecke spucken sie lachend wieder aus. Manchmal werden sie ruhiger, aber sie lassen sich nicht immer besänftigen. Anscheinend hab ich nur ADHS-Fälle hier zu bewältigen.

Jesus Maria voll der Gnade. Manche Familienbande sind eben im Kollektiv noch stärker als ich zartbesaitetes Persönchen. Selbst an meinem vierunddreißigsten Geburtstag mussten sie abends mit zum Familienessen meiner Eltern und mir weil sie keine fünf Minuten alleine bleiben können.

Naja, eventuell waren es die Kilo roher Zwiebel, die auf meinem Teller lagen, und versucht haben mir zu sagen, dass sie nicht gerne rohe Zwiebel essen. Was hab ich mir nur empfindliches da ins Haus geholt?

Wo kann ich das Umtauschformular einreichen? Biete all mein Hab und Gut. Bis auf meine DVD und CD-Sammlung, die sind mir heilig. Wehe dem der es wagt, sie mir zu entwenden! Tage verstrichen.

Neue Wochen brachen an. Es wurde ruhig um Gundel. Keine Ansichtskarte. Kein Hinweis. Lost in Space. Ich kann nicht gerade sagen, dass sie mir fehlt und irgendwie wünsch ich mir, dass sie nicht wieder zurückkehrt, doch möchte ich jetzt hier nicht den Ziehvater bis zur Volljährigkeit ihrer Brothers & Sisters spielen.

Die Spannungen und Unruhen wurden stärker. Gundels Abwesenheit zollte langsam ihren Tribut. Eine weitere Woche verging und da war sie plötzlich wieder. Ich hatte mich gewaltig getäuscht. Im Gegenteil.

Frisch gestärkt klopfte sie langsam an meine Tür und überraschte mich mit einer riiiiesigen Umarmung und Küssen. Mein ganzes Gesicht war voll rosa Lippenstift.

Sie sprang mich fast an vor Wiedersehensfreude. Und nicht nur Gundel und ihr Vater standen vor der Tür, nein noch ein Anhänger ihres Familienclans. Wie viel Mitglieder haben denn russische Familien im Durchschnitt? Dreißig? Vierzig? Hundert?

Neverending production? Sie stellte mir stolz ihre Mutter vor. In den teuersten Pelz eingehüllt und sie schaute mich mit dunkelbraunen, haselnussbraunen Augen an.

»Hallo, Hübscher. Ich bin Ohnmanella. Ohnmanella Schwarzvoraugen.«

Waaaaaaaaaaaas????? Für Sie, Liebe Leserinnen und Leser, heißt sie übersetzt: Vorname: Ohnmacht – Nachname: Schwarz werden vor den Augen. Na prima.

Demnächst kommt wohl noch die schrumpelige Verwandtschaft zu Besuch oder wie? Was erwartet mich noch?

Ich bin wirklich ein sehr gastfreundlicher Zeitgenosse, aber langsam aber sicher ist es genug. Wirklich! Ich hätte lieber ein Haustier. Einen spanischen Streunerhund von der Straße oder eine dicke, wuschelige Katze, die meine Füße wärmt oder Mandarinfische, die sind dekorationstechnisch und farblich im Aquarium wenigstens noch der letzte Schrei. Anstatt mir mehr Arbeit mitzubringen, soll Gundel mir Arbeit abnehmen.

Am besten wäre es wenn alle verschwinden würden. Ich habe genug von der Sippschaft. Demnächst steht noch das LKA vor meiner Tür und nimmt meine Bude wegen Verdacht auf Drogen oder illegalem Glücksspiel auseinander. Ohnmanella scheint sehr relaxt zu sein. Eine Dame von Welt. Selbst zu Titus hat sie ein herzliches Verhältnis.

Oder sind es die Silikontitten und die vielen korrigierten Gesichtspartien, die für ihn Liebe bis in die Ewigkeit bedeuten, trotz Lug und Trug und den ganzen Affären und Olga, dem lebenden Beweis seiner Eskapaden. Wer weiß das schon. Blut ist eben dicker als Wasser.

9.
Kapitel

Achtsamkeit
& Situationsretter

Man möchte es kaum für möglich halten, aber in der Tat, haben mir die Achtsamkeitsübungen geholfen, meinen Geist zu stärken und viel mehr Dinge bewusster wahrzunehmen, die sonst gerne mal an einem vorbeigehen. Es sind viele Kleinigkeiten, nicht einmal große Ereignisse, aber das muss es auch nicht.

Das eine oder andere Mal beschert es einem Freude, ein Lächeln, einen Stoß von Glücksgefühlen, Zufriedenheit. Man ist überrascht, was einem vielleicht bisher verborgen geblieben ist. Alltägliche Begegnungen und Begebenheiten. Neben den Atemübungen, die ich immer noch trainiere, jeden Tag zehn Minuten, fiel mir die Achtsamkeit tatsächlich mitunter am leichtesten.

Es kann sein, dass sie gar nicht so tief in einem vergraben ist und sie nur unter der leicht gefrorenen Eisschicht auf einen wartet. Die Hand, die einem zur Hilfe eilt. Ich habe jedenfalls ein neues Bewusstsein entwickelt. Eine neue Offenheit, anderen Menschen in meinem Umfeld gegenüber. Neuen Menschen und altbewährten.

Neue Sichtweisen, die man gerne vor sich hergeschoben hat, oder man mental zu gelähmt war, etwas dagegen zu unternehmen. Flow, so wird das heute aus dem Englischen beschrieben. Flow your mind.

Endschleunige deinen Geist und Körper mit wenig Aufwand. Es wird nicht jedem leicht fallen, plötzlich anzufangen, sich ruhig hinzusetzen und sich wirklich durch den Tag zu schlängeln. Den Tag sozusagen zu analysieren. Begegnungen und Situationen bewusst wahrzunehmen und zu behalten.

Alles aufzuschreiben, was einem vor die Augen kommt. Man muss nicht jede Übung unbedingt für richtig halten oder die Vorgaben hundert Prozent befolgen, doch kann man das auch wunderbar als Denkanstoß verwenden und seine eigenen Techniken entwickeln.

Der Geist und die Psyche sollen angeregt werden. Zum Unterschied Geist und Psyche kommen wir später in diesem Buch, haben Sie Geduld.

Nachdem nun viel Neues mit der neugewonnen Aufmerksamkeit passierte, verändert sich auch Gewohntes. Das können gewohnte Empfindungen in gewissen Situationen sein. Empfindungen zu Räumlichkeiten, die Ihnen vertraut sind.

Sie setzen sich z.B. beim Essenstisch einfach mal nicht mit dem Rücken zur Küche, sondern zur Küche und Sie werden Ihre Küche ganz anders wahrnehmen. Ihr Blickfeld und ihre Empfindungsperspektiven werden sich ändern.

Ich beschreibe das halt für mich passend so, ob das wissenschaftlich korrekt ist, lasse ich mal dahingestellt. Genauso wie viele meiner zusammengesetzten Wortbedeutungen im kompletten Buch.

Also nicht unbedingt verzweifelt nach meinen Begriffen und Worten googeln oder klassisch in irgendeinem Lexikon nachschlagen, sie werden sicher nirgends zu finden sein.

Mit diesem perspektivischen Platzwechsel erschienen mir nun meine Küche und Wohnung größer. Nicht nur räumlich größer, sondern auch mir selbst. Mein Horizont hat sich erweitert und ich bewegte mich gelassener und zufriedener in meiner Wohnung.

Hier und da habe ich noch die alten Lichtquellen gegen helleres Kaltweißlicht getauscht, weil ich diese warmweißen Funsellichter nicht mehr ertragen habe. Plötzlich nach zwölf Jahren. Ich finde das faszinierend!

Die Psyche kann nicht sprechen, aber deuten. Und sie deutete mir sehr viel in den letzten Monaten. Wie ein quengelndes Kind, das nicht genug hat und immer noch mehr aus den Regalen im Spielzeugladen möchte.

Dabei ist doch unsere Psyche gleich alt, sollte sie dann nicht vielleicht auch etwas erwachsener und geduldiger reagieren? Nun gut, je nachdem, wie viele Jahre sie auf etwas warten musste und nicht zum Zug kam kommen jetzt eben ZACK BOOM POW die ganzen Wünsche ins Haus gedrudelt.

Zu den Veränderungen gewohnter Dinge gehören natürlich auch die familiären und freundschaftlichen Beziehungen.

Ich habe angefangen, alle mit neuen Augen zu betrachten. Eine »Neukalibrierung« sozusagen. Keine negative. Das kann bei Ihnen natürlich anders sein, wenn Ihnen vielleicht die eine oder andere Beziehung nicht gut tut und Sie sich besser davon befreien sollten, wenn es Sie belastet, oder sie einfach neu angehen. Auf den Tisch hauen. Ich konnte viele Sachen bereinigen.

Vieles, was steckengeblieben ist. Ansichten, Einschätzungen, Urteile, die man sich über jemand gebildet hat. Wünsche und

Sehnsüchte zurückholen oder umsetzen. Wichtige Beziehungen noch vertiefen oder neu anzugehen. Ganz viele unterschiedliche Möglichkeiten taten sich für mich auf.

Eine große innere Zufriedenheit entwickelte sich. Viele Wow-Effekte traten zum Vorschein. Längst totgeglaubte Freundschaften oder Bekanntschaften haben eine zweite Chance erhalten.

Doch auch wenn das jetzt wie eine Wünsch Dir was-Fernsehsendung klingt, ist es und war es viel Arbeit mit mir selbst. Viele innere Kämpfe mit dem faulen Schweinehund. Sich immer aus der Wohnung rausprügeln und rauszwingen, wenn er wieder mal zu nichts Lust hatte oder zu faul war, zuzulassen, dass ich durch meine Gedanken schweife und mit ihnen arbeiten wollte.

Der faule Schweinehund ist natürlich auch auf seine eigene Art wichtig und gönnt einem auch Ruhephasen, doch tauchte er in der Phase zu häufig auf und man läuft Gefahr, in das träge, dunkle Moor Loch zu versinken. Versuchen Sie einfach, sich zu überwinden, und glauben Sie mir, es hält paradiesische Überraschungen für Sie bereit. Geduld und Ablenkungen durch Familie und Freunde spielten dabei eine sehr große Rolle. Sie retteten mir sehr häufig meine miesen Tage. Ich nenne sie meine Situationsretter. Das meine ich mit der Aufmerksamkeit. Ich habe viele schöne, neue Seiten an ihnen entdeckt, die mich aus dem Dickicht gezogen haben. Jeder enge, vertraute Mensch in meinem Leben schenkte mir viel Kraft, Liebe, Zuneigung und offenbarte mir neue Wege, die zur Besserung meiner Seele führten.

Durch diese neu erworbene Aufmerksamkeit wird man irgendwie zu einem neuen Beobachter seines Umfeldes und so fällt einem recht schnell auf, wie unaufmerksam die Menschen in unserer heutigen Gesellschaft durchs Leben gehen.

Das ist jetzt nicht neu für mich, das beobachte ich schon einige Jahre, doch ist es neu und stärker in meinen Fokus gerückt. Die Selbstsucht, die Ignoranz, die Blauäugigkeit, das unachtsame Benehmen im Straßenverkehr – dieses »Ich bin mir selbst am Wichtigsten«.

Diese bescheuerte, fürchterliche neuerworbene, ichbezogene, ich nenn es mal **>>Smartphone-Haltung<<**, der Dauerblick senkrecht nach unten gerichtet, auch wenn man gar kein Smartphone dabei hat. Dieses ständige abgelenkt sein, woanders sein, dieses nicht aktive Teilnehmen, das kam sehr deutlich zum Vorschein.

Ich nehme mich hierbei nicht hundert Prozent raus, denn ich gehöre ja quasi teilweise dazu, doch auch das habe ich versucht zu ändern, um wieder mehr Realität zu spüren. Diese Wahrnehmungsstörungen nicht wachsen zu lassen.

Meinen Radius wieder zu erweitern und mein Leben nicht nur auf den Tunnelblick und mein eingeschränktes Smartphone-Display zu reduzieren.

Das Smartphone steht nicht nur für sich selbst, sondern auch für seine Collegas Tablet, PC und wie die sich nicht alle nennen, die uns schön von der Außenwelt abschirmen und unseren Blick aufs Wesentliche blockieren. Sie katapultieren uns in das Tunnelblickverhalten.

Sie werden blind im Umgang mit ihren Mitmenschen. Vielleicht ist das jetzt eine zu sensible Sichtweise meinerseits, weil ich in allem zur Zeit anfälliger bin, aber ich denke, es würde den meisten nicht schaden, sich wieder mehr auf das Hier und Jetzt zu konzentrieren, anstatt wie seelenlose Zombies durch die Straßen zu schlurfen.

Die armen Autofahrer. Die buckeligen Omas mit ihrer Gehhilfe sind schon lange nicht mehr der Schrecken der Straße.

Schlimmer sind diese unzähligen Display-Fixierten, die gar nicht mehr ihr Umfeld

wahrnehmen und einfach alles auf der Straße überqueren, ohne nur einmal ansatzwei-
se daran zu denken, ihr Köpfchen dabei zu
heben und mal nach rechts oder links zu
schauen. Mich würde wirklich gerne mal die
Statistik der tödlichen Unfälle durch und mit
Fußgängern interessieren.

Mütter mit Kinderwagen und Kind an der
Hand und die Fahrradfahrer, die das gleiche
mit ihrem Smartphone auf ihrem Drahtesel
abziehen, kann man ruhig dazuzählen.

Gut. Ist es eine moderne Oma, die nicht
nur ihre Gehhilfe steuert, sondern auch noch
mit ihrem Smartphone hantiert, weil sie seit
fünf Stunden versucht, ihren Enkel anzuru-
fen, steht sie halt doch wieder ganz oben
auf der Liste der größten Schrecken des
Straßenverkehrs.

*Zum Schluss des Kapitels noch ein paar
Schlagworte weswegen ich meine Familie
und meine Freunde als Situationsretter aus-
erkoren habe:*

-    beruhigende Ausstrahlung

- mütterliche Fürsorge

- viel Zuhören und lange Gespräche

- Ansporn

- Gute Ratschläge

- Wichtige Bezugspersonen

- Freundschaftliche Fürsorge

- Verständnis

- Starke Verbindungen

- Gleiche Wahrnehmungen, Empfindungen, Seelenverwandt-
  schaft

- Ruhepol

- Stärke

- Gute Diskussions- &
  Gesprächspartner

Meine Rückzugsorte und neu entdeckten Leidenschaften

Stille, Frieden, frische Luft, bunte Farben, Bewegung, Kopf ganz abschalten, schöne Landschaft entdecken, Leben spüren, Wandern

Rückhalt, 2. Zuhause, viel Spaß & Humor, Geborgenheit, Liebe, Freundschaft

Nähe, Rückhalt, Geborgenheit, Zugehörigkeitsgefühl, Liebe, Zuhause, Rückzugsort

Schwimmen

Wellness & Fitness, Energie, Bewegungsfreiheit im Wasser, schwerelos

Kreativ

Total abschalten, austoben, Erfolgsgefühle, Ventil, Befreiungsschlag, Selbstbewusstsein

Meine Ziele, die ich schon erreicht ha-
be und noch erreichen möchte:

Ziele, die ich geschafft habe:

1. Autofahren und bei Stau die Nerven be-
   wahren können

2. Einkaufen im Supermarkt und in der
   Warteschlange an der Kasse aufhalten
   können

3. Ins Theater gehen, in die Stadt, mich unter Menschenmassen aufhalten können

4. Arbeitstag durchstehen

5. Offener auf Menschen zugehen (Verein,
   Yogagruppe), Schüchternheit überwinden, mehr Selbstbewusstsein

6. Aussprechen, ansprechen, was mich
   ärgert oder stört

7. Regelmäßig Sport machen

8. Jeden Tag morgens mehr Zeit gönnen und früher aufstehen

9. Mich weniger von Fernseher, Handy, PC ablenken lassen

10. Alte Ansichten & Verbohrtheit über Bord werfen

Ziele, die ich noch erreichen möchte:

1. Mehr für mich alleine machen, auch mal ein Kurztrip oder kleiner Urlaub, um Ruhe zu bekommen

2. Mehr in die Natur, Wandern, Spazierengehen

3. Bewusst in meinen Körper hören, mein Ich mehr wahrnehmen

4. Stabile Liebesbeziehung

5. Abgenommenes Gewicht halten

6. Endlich mal ein Buch fertigstellen und veröffentlichen

10. Kapitel

Liebes Tagebuch...

Erste & zweite Novemberwoche 2017

Ich habe fast meine andauernde zweite stabile Woche erreicht. Ich merke trotzdem weiterhin, dass mir stressige Arbeitstage und privater Stress noch ziemlich zusetzen.

Mein Kopf schaltet ab und ich kann mich nicht mehr konzentrieren. Ich mache mehrmals die Woche Sport und gönne mir am Tag viele Ruhephasen. Meine innere Unruhe hat sich gebessert und Anfälle & Attacken hatte ich recht wenige. Nur leichte.

Meine Atemübungen und Achtsamkeitsübungen haben mir schon eine Menge geholfen. Meine Erschöpfung hat sich ins Gegenteil gewandelt. Ich bin jetzt übermotiviert.

Alles will aus mir herausplatzen. Kreative Einfälle, Schreiben, Malen, alles will raus. ZACK.BOOM.POW. Mein Therapeut meinte, zu viel zu tun, sich zu viel ablenken, zu viel gegensteuern wäre auch nicht gut und würde neuen Stress verursachen. Wie man es macht, macht man es verkehrt. ☺ Haaach jaaa wie schäh.

Ich weiß nicht, ob es das Mysterium des Gezwungen Werdens ist, am Wochenende auszuruhen doch fühl ich mich schlapper und schlechter als unter der Woche.

Kaum wieder am Montag aufgestanden konnte ich es nicht erwarten in den Tag hineinzugleiten. So viele Ideen sprießen in meinem Kopf. Ein regelrechter Energieschub.

Leider sind jetzt Muskelzuckungen zu meinen körperlichen Empfindungen hinzugekommen. Ob es Nebenwirkungen der Antidepressiva sind oder das massive Beanspruchen meiner Muskeln durch den Sport?

Ich weiß es nicht. Ich muss jeden Tag soviel ergründen. Im Januar habe ich einen Termin beim Kardiologen um mich mal durchchecken zu lassen. Es beginnt eine neue Reise durch meinen Körper und Geist. Ich stecke voller Spannung und Erwartung, was sich noch so in mir drin verändern wird.

15. November 2017

Es sind wieder sehr wechselhafte Tage angebrochen. Mehrmals am Tag geht meine Laune auf und ab. Es nervt mich – nervt mich – nervt mich! Ich sehe keine Verbesserung mehr. Der Sprung vom Anfang bis jetzt bleibt aus. Es ist ein tägliches Durchwurschteln. Oft funktioniere ich nur aus Gewohnheit.

Eine irre Slalomfahrt. Ich habe so vieles verändert und trotzdem spielt mein Kopf weiterhin russisches Roulette mit mir.

Entweder Gundel oder Tinnitus oder das Gefühl, zu ersticken. Wirklich ätzend. Wie lange dauert das bloß noch an? Ich will wieder mein altes Ich zurück. Was will denn meine Psyche noch von mir?

Mein Therapeut meinte heute, dass sie mir immer noch etwas mitteilen möchte.

Aber was verdammt noch mal will sie denn noch? Was soll ich noch tun? Was soll ich noch ändern? Es ist zum davonlaufen.

Ich habe doch schon allerhand wichtige Punkte in meinem Leben geändert. Der Zusammenbruch war gut und nötig, keine Frage. Er hat mir viele neue Türen und Wege geebnet. Viele Blockaden gelöst, aber die Angst hört nicht auf.

Sie gibt mir keine Verschnaufpause. Ich möchte meine neu gewonnen Erfahrungen nicht immer mit Angst im Magen erleben müssen. Auch wenn es nur kleine Attacken sind, trotzdem schränkt mich das ein und wirft mich wieder zurück auf Los.

Dritte Novemberwoche 2017

Ein guter Bekannter war mit mir letzten Samstag im Schwarzwald wandern. Unsere erste gemeinsame Wanderung. Der Auftakt meiner Wandergruppe. Es war himmlisch.

Unbeschreiblich schön. Mystische Pfade überall um uns herum. Völlige Ruhe, viel Grün und sehr nebelig. Ich kann gar nicht sagen, wie gut mir das tat. Wie befreiend es war, von allem Übel mal weg zu sein.

In Einklang mit der Natur zu kommen. Und ich bin stolz auf mich, dass ich sechs Stunden Wandern durchgestanden habe. Ich fühle mich draußen im Wald zurzeit am wohlsten.

Im Moment spielen mein Kopf und meine Gedanken wieder verrückt. Es ist zum Haare raufen. Diese negativen Gedankenschübe ängstigen mich. Ich sehe keine Fortschritte mehr. Ich habe bisher schon so viel erreicht.

Ich kann ja schlecht alles stehen und liegen lassen und davonlaufen. Ich würde aber nichts lieber als das.

Schreiend davonlaufen. Mich irgendwo verkriechen und erst wieder herauskommen, wenn ich wieder meine alte Form, meine alten Empfindungen zurück erlangt habe.

Ohne Depression. Es ist dennoch auch eine Zwickmühle in der ich mich befinde, da es gerade auch meine kreativste Zeit ist, die ich durchlebe. Ist das nicht irre? Ich wandle zwischen allem und nirgendwo.

Ist das etwa die Reise, die der Therapeut mit dem Schwarzwaldseminarhaus erwähnt hat? Muss ich mich auf diese Weise mit meinen Dämonen auseinandersetzten?

Ist es notwendig, während der Reise zwischen altem und neuem Ego mit Angst um herzupendeln? Wieso muss ich mich alleine mit meiner Psyche auseinandersetzen?

Wieso kann sich keiner bei mir einloggen und mich leiten und unterstützen? Wieso steht keiner hinter mir und fängt mich auf? Warum muss ich alles immer alleine bestreiten?

MENSCH WAS FÜR EINE VERDAMMTE KACKE!!!!

22. November 2017

Gestern war ich zum ersten Mal beim YO-GA-Kurs. Was für ein fantastisches Gefühl. Zwei Stunden von allem völlig weg sein.

Ich dachte nicht, dass das bei mir funktioniert, aber tatsächlich hat es bei mir angeschlagen und ich konnte seit langem richtig abschalten. Mich einfach treiben lassen, ohne etwas dafür tun zu müssen.

Ohne Störung. Ohne Lärm. Ohne zwischenmenschliche Probleme und Auseinandersetzungen. Einfach den Anleitungen des Yogalehrers folgen. Mein Körper und mein Geist bewegen sich nach seinem Rhythmus.

Ich konnte sogar bei den Baumübungen mein Gleichgewicht halten, bei denen man jeweils sein Gewicht auf eine Beinseite verlagert. Zwei reine Stunden nur mit meinen Gedanken. Natürlich gingen diese wieder Bergsteigen, doch durch diesen geschützten Raum und meinen Achtsamkeitsübungen und ohne Ablenkung von außen treten immer neuere Sachen in mein Bewusstsein.

Wie viele Jahre ich mein ICH verdrängt habe. Ich muss neu lernen, mich zu positionieren. Wie lange ich mein eigentliches Wesen versteckt habe, um das sich eine Kuppel gestülpt hat, die vieles blockiert.

Ich weiß nicht mehr, wann das angefangen hat. Vielleicht nach vielen zwischenmenschlichen Enttäuschungen, Begegnungen, Rückschlägen. Ich hatte in meinem Leben immer Einigelungsphasen, die mal kürzer und mal länger andauern, nur dieses Mal war sie entschieden zu lange.

So lange, dass sich mein Wesen ganz tief vergraben hat und ich vergessen habe, verlernt habe, wie ich eigentlich bin.

Natürlich kommen im Leben immer neue Facetten dazu doch bei mir war es ein Erdrutsch, eine Lawine, die über mich hereingebrochen sind. Im Kern bin ich immer noch Ich. Ich habe keine Persönlichkeitsstörung erlitten, auch wenn es sich am Anfang so angefühlt hat. Offen auf Menschen zugehen, mich alleine irgendwohin bewegen, neue Menschen kennenlernen, neue Aufmerksamkeit, neue Inspirationen.

Mich nicht mehr hinter Gewohntem zu verstecken und Neues zuzulassen. Mich neu behaupten. Es fällt mir mal mehr, mal weniger schwer, aber ich tue mein Bestes. Es ist halt typisch für mich. Anfänglich ist alles toll, alles super und ich pirsche aus mir heraus. Bin redselig und dann gehe ich plötzlich wieder drei Schritte zurück und werde stiller. Früher als Kind nach der Scheidung meiner Eltern fing das an.

Ich dachte, ich hätte das nach den vielen Jahren endlich überwunden, doch diesen Knacks werde ich wohl niemals abschütteln können.

23. November 2017

Trotz Ohnmachtsgefühl, Schwindelanfällen, Zittern, Unruhe und Depressionswechsel, mal morgens oder abends den Tag normal zu bestreiten, ohne einfach im Bett liegen zu bleiben, fällt mir sehr schwer.

Sich gegen seinen Körper und Geist zu stellen. Sich wie in einer römischen Kampfarena gegenüberstehen. Auch heute ist das wieder der Fall. Alles war gut nach dem Aufstehen. Ich habe gefrühstückt, meine Omega 3-Fettsäuren-Power-Fläschlein genommen und bin zur Arbeit gefahren.

Ich habe meine Aufgaben erledigt und Peng kam am Mittag wieder eine Attacke. Momentan zeigen sie sich schleichender, in anderen Formen, da wird mir nicht so schnell klar, was gleich mit mir passieren wird.

Ich habe sofort meine klassischen Atemübungen gemacht, die ich gelernt habe, und mich kurz ruhig auf den flachen Boden gelegt, damit ich meine innere Ruhe wieder herstellen konnte. Ich bin eingeschlafen und eine Stunde später wieder aufgewacht.

Ich hasse das, weil dann mein ganzer Kreislauf runterfährt, wenn ich mich nachmittags zum Schlafen hinlege und ich mich danach immer geräderter fühle, als hätte mich ein LKW überfahren.

Ich hatte vorher nach Symptomen von Asthma im Internet gesucht vielleicht war das der Auslöser. Ich kann einfach keine Aufregungen egal welcher Art vertragen, ohne das mein Körper anfängt zu spinnen.

Das darf nicht so bleiben, ich möchte kein sensibles Wrack bleiben. Und klassisch passiert es wie so oft donnerstags. Ist es, weil es Mitte der Woche ist und die Tage zuvor zu viel gewesen sind? Aber in dem Schattenhaufen scheint auch Licht hervor.

Mir widerfahren lustige, aberwitzige und ganz suspekte Situationen und Personen, die mir, seit ich die Aufmerksamkeitsübungen mache, stärker auffallen.

Mein Organismus ist im Wandel, aber all das Neue macht mir Angst. Angst, dass ich mich selbst überhole und sich nichts davon mehr in Gewohnheit umwandelt.

Heute so, morgen so, dann wieder empfinde ich normal, dann überfordert mich wieder alles, dann schaffe ich es, über gar nichts nachzudenken.

WILD WILD WEST!!!

Ende November 2017

Am Wochenende war ich bei meinen Eltern und mein Zustand war entspannt. Kein Hoch- und Runterrauschen meiner Gedanken, einfach entspannt. Sonntags machte ich dann einen Spaziergang mit einem Freund und da merkte ich schon beim Autofahren, dass es mich doch noch sehr anstrengt zu fahren. Daheim habe ich abends ein Entspannungsbad genommen, etwas gegessen, mich ins Bett gelesen und gelesen da fing sich schon wieder an eine Attacke aufzubauen.

Ich habe sie mit Atemübungen im Keim ersticken können doch es war nur wieder die Ruhe vor dem Sturm. Kaum saß ich auf der Arbeit vor meinem Computer erwischt mich eine Megaattacke, bei der keine Übung mehr half. Mein Herz raste. Meine

Welt brach zusammen. Verzweiflung und Hilflosigkeitsgefühle überrannten mich.

Die ganze Woche Arbeit schien wie im Nichts verschollen zu sein. Unnötig. Unnütz. Jetzt muss ich wieder von vorne Anfangen, dabei achte ich täglich auf meine Empfindungen und Symptome.

Meine Mutter äußert immer ihre Angst, dass ich mir etwas antun könnte, doch ich hatte nicht einmal während der ganzen Zeit, den Wunsch oder das Bedürfnis verspürt, mir das Leben zu nehmen.

Es ist eher die Lähmung, die Ahnungslosigkeit, das weshalb und warum, das mich betrübt. Ich war wieder recht einsam die Woche über gewesen, weil alle meine Freunde beschäftigt waren. In Kombination mit dem tristen, verregneten Wetter gab es dann möglicherweise diesen Rückschlag.

Ich bin weiterhin auf der Arbeit geblieben, auch wenn ich panisch davonlaufen wollte, doch ich wollte die Attacke nicht über mich siegen lassen und es war auch keine für mich akzeptable Lösung gewesen. Am Nachmittag bin ich dann früher nach Hause.

Ich habe mein Auto stehen lassen und bin gelaufen. Und gelaufen und gelaufen, bis in die Innenstadt hinein. Dieses Mal verspürte ich keine Lärm- oder Lichtüberflutungen. Es ist schwer für mich auseinanderzuhalten, was was auslöst. Ich spürte nur die Unruhe und das matt sein nach der Attacke.

Abwechselnd nahm ich es stärker oder schwächer wahr, je nachdem welches Geschäft ich betrat. So absurd, so völlig absurd, dass kann man gar keinem wirklich deutlich machen, was in einem vor geht.

Ich hoffe nur, dass ich nicht wirklich demnächst mal zusammenklappe, weil mein Körper dem Dauerstress nicht mehr gewachsen ist. Gestern vorm Schlafengehen nahm ich wieder eine Hammerberuhigungstablette – sie hilft aber dann bin ich den darauffolgenden Tag wieder mit Schwindelgefühl und Schwanken gestraft.

Beim Yoga finde ich endlich die langersehnte Ruhe nachdem ich seit letzten Samstag wieder völlig fertig bin. Die Attacken werfen mich weiter zurück. Ich hatte ein gutes Gespräch mit dem Yogalehrer. Er meinte, ich würde noch eine ganze Weile damit zu kämpfen haben. Tolle Aussichten.

Zumindest tat es gut, darüber zu reden. Das hilft mir. Viel reden und nichts innerlich verbuddeln. Yoga holt mich jedes Mal runter und ich bin danach müder als nach zwei Stunden Badminton spielen.

Heute traf ich in der Apotheke, nach dem ich bei meinem Hausarzt in der Praxis war, eine alte Frau.

Sie schien jeden in Maxdorf zu kennen. Beim Verlassen der Apotheke fragte ich sie ob sie Hilfe bräuchte bei der Treppe. Sie lächelte mich an und sagte nur: *»Wenn nicht so, dann anders, aber es geht immer, man muss nur wollen«.* Das fand ich wundervoll und beeindruckend; gerade weil ich diese Woche wieder sehr verzweifelt bin.

Der Praktikant in der Arztpraxis hat mich heute betreut. Ich machte ihn gleich mit meinem Krankheitsbild vertraut. Der Arme! Er hat sich auf seinem kleinen Zettel Notizen gemacht und sagte: *»Man stirbt nicht daran!«*

Er hätte das auch schon einmal nachts vor einer Prüfung gehabt. Ein Mal? Das hat mich sehr beruhigt ☺ Bei mir ist es zurzeit ein Mal pro Tag. Ich fand es nur sehr amüsant heute, weil ich dachte, ich hätte die Miniaturausgabe von meinem Hausarzt vor mir sitzen.

Er kam später dazu und erhöhte dann meine Dosis der Antidepressiva auf 30 mg. Oh Gott war die Reaktion danach heftig.

Ich nahm die anderthalb Tabletten gleich beim Bäcker danach zum Frühstück und dann wirkte die Dosis noch während der Autofahrt lass es dreißig oder fünfundvierzig Minuten später gewesen sein.

Mich überkam ein Rauschgefühl, das durch meinen ganzen Körper schoss. Ich, mitten auf der Autobahn. Ich dachte Marc, jetzt ist es vorbei, und sah mich schon gegen die Leitplanke fahren. Mit Müh und Not schaffte ich es im nächsten Ort auf einen Parkplatz wo ich aus dem Auto stieg und versuchte die Nebenwirkung in den Griff zu bekommen. Ich holte tief Luft und machte meine Entspannungsübungen. Als die Nebenwirkungen einigermaßen abklangen fuhr ich weiter nach Hause. Was für ein Erlebnis! Mich wundert gar nichts mehr. Jeder Tag ist eine Ungewissheit, was mein Körper mit mir anstellt. Ich setzte einen Tag das Medikament aus und bleibe von da an wieder bei der kleineren Dosis von 20 mg. Bis heute.

11.
Kapitel

Wo Gundel nicht gerne mit hingeht

Ja zambalott noch e mol. Gundel isch doch tatsächlisch menschescheu. Des konn ich kam glawe. Für des, dass sie so eune ausdruckstarke Persönlichkeit isch und sehr viel Selbschbewusstseu hot, is des schwer nachvollziehbor für misch.

Im Ernst. Da sie so eine Art Ödipuskomplex auf mich projiziert, hält sie sich am liebsten sehr bedeckt.

Aber stimmt, liebe Leserinnen und Leser, sie wissen ja noch gar nicht, wie meine Gundula ausschaut. Etwas zu klein geraten. Pummelig. Mit Pickeln und Hornbrille vielleicht? Nein, leider weit davon gefehlt.

Gundel, auch wenn der Name altmodisch gewählt wurde, ist der Burner. Ein scharfes Gerät. Sie hat lange, rotstichige blonde Haare, manchmal trägt sie es offen und gewellt, meistens hat sie es aber zu einem Dutt zusammengeknotet.

Ihre grünen Augen funkeln wie Smaragde. Ihre Lippen sind in sanftes Rosa getaucht. Mit ihren 1,77 cm, ja genau die gleiche Größe wie ich sie habe und ihren 75 kg, ja genau wie mein Gewicht, könnte sie doch tatsächlich meine Schwester sein.

Da wären wir aber auch schon beim ersten Ort zu dem sie nicht gerne mit hingeht. Zu meinen Eltern nach Hause. Anfänglich war sie mal ganz kurz dabei, doch sie hat sehr fluchtartige das Weite gesucht. Sie könnte sogar ihr eigenes Zimmer bekommen, aber kurz vor der Haustür rennt sie auf und davon. Der reinste Zickenalaaaarm.

Dabei ist meine Mutter eine Seele von Mensch, also eine Frau, die Gundel nicht als Gefahr empfinden dürfte. Somit ist mein Elternhaus so was wie eine geschützte Zone.

Mir auch recht. Mein Bett im Gästezimmer hat so viel Platz zur Verfügung. Wir könnten tolle Pyjamapartys darauf veranstalten. Nein, Madame ziert sich und lässt sich mit nichts locken. Sport ist für Madame Gundula genauso ein Dorn im Auge.

Egal ob ich im Wald laufen gehe, im Schwimmbad meine Bahnen ziehe, beim Badminton bin oder beim Yoga Entspannung suche.

Madame will sich einfach nicht mehr als unbedingt notwendig bewegen. Ich will nicht beleidigend erscheinen, aber ihre Hüften setzen schon langsam an und hätten es bitter nötig. Zumindest merke ich die Gewichtsveränderung, wenn sie mal wieder auf meinen Schultern sitzt und mit mir Rodeo-

Reiten spielt. Nicht sexuell, da bleib ich meinem Geschlecht treu.

Da kann Gundel noch so gut aussehen und mit ihren grün-schimmernden Augen vor mir blinzeln und mir ihren dickbemalten Knutschmund hinstrecken. Der Punkt geht leider nicht an sie. Da gibt es leider kein Foto für sie.

Achtsamkeitstraining

Heute verändern wir kleine Dinge. Öffnet das Fenster und lasst den Frühling rein.

Atmet die frische Luft und schließt die Augen dabei und lauscht dem Zwitschern der Vögel draußen.

Schließt über den Tag mehrmals die Augen z.B. beim Essen. Erlebt bewusst den Geschmack von dem was ihr esst.

Ertastet Gegenstände die ihr gebraucht. Hört bewusst auf gesprochenes, gesungenes. Immer nur kurze Momente.

Am Ende packt ihr gedanklich ein Päckchen eurer neugewonnenen positiven oder auch negativen Empfindungen dabei und stellt es symbolisch an einem Ort eurer Wahl ab.

12. Kapitel

Atmung, Atmung, überall Atmung – Wie ich den Tag erlebe

In diesem Kapitel möchte ich Ihnen näher bringen, wie wichtig es ist, mehr auf sich zu hören und seiner inneren Stimme zu folgen, und wie sich mein biologischer Akku so den lieben langen Tag verhält.

Eigentlich fällt mir dazu nur eins ein: scheußlich. Ich fühle mich von morgens bis abends einfach nur scheußlich. Also die Extended Version von miserabel. Die höchste Steigerung, die ich jemals empfunden habe.

Wie so oft reicht es aber nicht, nur zu antworten, wenn jemand nach meiner Gemütslage fragt, zu sagen, dass ich mich scheußlich fühle.

Ich muss es deutlich beschreiben, damit mein Gegenüber etwas damit anfangen kann. Gar nicht so einfach, wenn man sich wirklich einfach nur scheußlich in allem fühlt. Körperlich und geistig gefangen im Gefühlsvakuum. Ohne richtige Anhaltspunkte, was genau scheußlich daran ist.

So fing ich eben an, zu beschreiben. und dieses Beschreiben hat auch schon irgendwo geholfen, meine innere Scheußlichkeit doch auseinanderdividieren zu können. So gelang es mir doch hin und wieder zu bemerken, dass ich mich auf dem Weg der

Besserung befinde. Jeden Tag das Gefühl zu haben zu ersticken und doch zu überleben, kann man schwer erklären.

Vielleicht kann man es sich so vorstellen, dass man in einem Schraubstock eingeklemmt wird, der langsam festgezogen wird und dann wieder gelockert und Sie schwer und tief nach Luft schnappen.

Oder man legt Ihnen ein Kissen aufs Gesicht und lässt dann immer wieder - kurz bevor man völlig erstickt - wieder locker. Oder Sie tauchen oder bleiben unter Wasser und der Moment, wo Sie merken, dass die Luft knapp wird, Sie wieder schnell auftauchen um Luft zu schnappen.

Gezielte Atemübungen, d.h. richtiges Atmen erlernen und unsere faule Kurzatmung abzutrainieren ist sehr mühsam, und ich atme ehrlicherweise auch nur richtig, wenn ich beim Fitnesstraining bin und der Trainer gezielt darauf hinweist bei der Übung richtig zu atmen. Tief einatmen und fest ausatmen.

Dann entspannen sich auch die Muskeln ganz anders und nur dann ist die Übung auch sinnvoll. Also kein Wunder, dass unser Körper irgendwann außer Kontrolle gerät und anfängt zu spinnen, wenn wir anscheinend bisher alles nur Erdenkliche, was man falsch machen kann, falsch gemacht haben. Fehlhaltungen im Stehen und Sitzen.

Falsches Atmen. Nur Stress und Hektik zulassen. Vernachlässigen des eigenen Ichs. Angst vor Langeweile und Stille mit Lärm kompensieren.

Dabei ist gerade Langeweile manchmal ein natürliches Bedürfnis, dass der Körper braucht, um sich zu regenerieren. Nur wer kommt schon darauf, was der Körper alles signalisiert, was er zum Regenerieren benötigt wenn man sich nicht damit befasst? Eben!

Aber es ist nie zu spät damit anzufangen, es ist nur mühsam, den angesammelten Haufen abzutragen. Also immer tief einatmen und wieder ausatmen, dann sieht die Welt schon wieder anders aus.

13.
Kapitel

Liebes Tagebuch...

01. Dezember 2017

Heute war der Abschluss der schrecklichen letzten Woche. Ich merke, dass mein Kopf total verrückt spielt, wenn ich zu lange vor dem Computer sitze oder sich schnelle Bewegungsabläufe vor meinem Auge abspielen. Ich werde dann komisch.

Mein Gehirn schaltet ab. Es hat jetzt eine Woche gedauert, den Attacken Montag zu verarbeiten. Morgen gehe ich wandern. Bin sehr aufgeregt. Ein Blinddate-Wandern sozusagen. Kenne Andreas nicht. Bin gespannt, was mich erwartet.

02. Dezember 2017

Morgens ging es mir blendend, bis ich aus meiner Wohnung ging. Das diesige, nebelige Wetter lähmt mich. Besser gesagt, meine Psyche ist stark getrübt. Vielleicht war ich gestern Abend wieder zu lange am Computer gesessen.

Mein Gehirn hat anscheinend Licht – und Umgebungsschwierigkeiten. Ich fühlte mich nicht gut. Ich war kurz davor, die Wanderung abzusagen. Ich hatte Angst bekommen, den Tag nicht durchzustehen, doch Andreas war schon längst auf dem Weg. Als er ankam, war jede Sorge wie weggeblasen.

Er war mir auf Anhieb sympathisch. Wir haben bis zum Ende der Wanderung geredet und geredet. Uns ging nie der Gesprächsstoff aus. Im Schnee sind wir durch das Isenachtal in der Pfalz gewandert.

Wunderbar. Kein Mensch war unterwegs. Sehr romantisch. Ja, der Tag hat meine Wunden der letzten Woche geheilt.

03. Dezember 2017

Was und wer mir heute alles begegnet ist:

1.) Ich mir selbst im Spiegel

2.) Meine tolle neue Wellnessbrause

3.) Verkäuferin im Edeka und im Zeitschriftengeschäft

4.) Passanten an der Haltestelle

5.) Fahrende und parkende Autos

6.) Andreas Sommer

7.) Mit Schnee bedeckte Bäume, Sträu-
cher und Wege

8.) Fahrradfahrer mit Riesenreifen (Outfit
gelbes Shirt und graue Hose)

9.) Fünf andere Wanderer

10.) Bedienung und Gäste in der
Gaststätte »Alte Schmelz«

05. & 06. Dezember 2017

It´s Christmas time.
So langsam dichtet sich der Kreis und ich
kann die Zeichen meiner Psyche besser
deuten. Wenn ich zu lange alleine bin und
keinen zum Reden habe, ist das mein emotionales Desaster. Wenn ich zu vielen Ein-
flüssen (PC, Verkehr, helle Lichter, Einkaufs-
zentrum) ausgesetzt bin, ist das mein kör-
perliches Desaster. Da holt mich das Ohn-

machtsgefühl und das Gefühl, gleich umzu-
fallen ein. Wackelpuddingbeine.

Es fühlt sich an, als würde der Untergrund
unter meinen Füßen schwimmen. Ich brauche morgens länger, bis sich mein Kopf ori-
entiert. Ich bin dann leicht diffus unterwegs.

Gestern war ich wieder beim Yoga. Heute
tun mir alle Knochen weh. Man erschrickt,
doch es ist gut, wenn sich die Verspannungen lösen. Man glaubt zwar, dass einem
sein Gerippe zusammenbröselt, aber nach
dem Muskelkater kommt der Segen.

Man kann sich den Chiropraktiker und die
russische Kampfmasseurin eindeutig spa-
ren. Ich lerne beim Yoga auch meinen Körper besser zu spüren und zu verstehen. Eine gesündere Körperhaltung einzunehmen.

**Was und wer mir in den letzten Tagen alles
begegnet ist:**

1.) Marion mit ihrem Hund Pepino

2.) Autos, Verkehr

3.) Viele Lampen

4.) Meine Eltern und meine Freunde

5.) Ikea-, Rewe-, Bauhausmitarbeiter- und Kunden

6.) DHL-GLS-Hermespaketboten auf der Arbeit

7.) Mieter von meiner Arbeit

07. Dezember 2017

Gestern hatte ich eine lustige Sitzung. Mein Therapeut erzählte mir einen Witz, um meine Probleme zu überspringen. Er meinte, ich solle viel lachen. Auch künstliches Lachen erzeugen. Künstlich lachen?

So ohne Anreiz? Ich kaufte mir sofort ein Witzebuch, das ich in einem urigen Buchladen entdeckte. Grundsätzlich bin ich ein humorvoller Mensch und manchmal können Leute nicht damit umgehen, dass ich sie einfach nur anlächle oder angrinse, dabei muss es ja nicht immer einen erklärungsbedürftigen Grund geben. Wenn man lacht, ohne dass jemand etwas lustiges gesagt oder getan hat, finden das viele verstörend.

Meistens habe ich aber eine lustige Erinnerung oder Gedanke, der in mir aufkeimt und dann lache ich. Es existieren sogar extra Lachgruppen und Lachseminare, wo sich Menschen treffen um gemeinsam zu lachen.

Lachen setzt Glücksgefühle frei, selbst wenn es künstlich erzeugt wird. Anfänglich kommt man sich recht bescheuert vor und es ist schwierig, aus dem Stehgreif loszulachen, doch ich versuche immer mal wieder zwischendurch künstliches Lachen einzubauen. Mein restlicher Tag verlief positiv.

Mittags habe ich mit Weihnachtsplätzchen backen angefangen und abends kam einer meiner besten Freunde zum Abendessen vorbei. Ich installierte mir eine neue Lampe im Wohnzimmer. Ich habe jetzt kaltweißes LED Licht, mal schauen, ob sich meine Laune zum Guten wendet.

In zwei Tagen fliege ich eine Woche in Urlaub. Nichts tun müssen. Kein Autofahren. Kein Einkaufen. Kein Haushalt. Keine Verpflichtungen oder Termin. Nada amigos!!!.

09. – 17. Dezember 2017

Urlaub auf Gran Canaria

Die Woche war wieder unbeschreiblich schön mit meinen Freunden. Wir hatten eine

Menge Spaß und viel unternommen. Wir waren auf einem Vulkankrater wandern und haben eine E-Bike-Tour durchs Gebirge gemacht. Wir haben viele lustige Leute getroffen und kennengelernt.

Auch wenn mich meine Schulterschmerzen unsäglich plagten und ich mich teilweise kaum bewegen konnte und mich wieder so eine blöde Attacke überkam war es trotzdem ein wundervoller Urlaub.

Unser Hotel »GOLD« war fantastisch. Moderner 60er Jahre Stil. Bombastisches Frühstück. Nettes Hotelpersonal. Interessante Gäste, die mir viel Stoff zum Schreiben lieferten.

Letzte Dezemberwoche 2017

Ich fühle mich seit gestern richtig miserabel. Ich habe eine Erkältung bekommen und mein Schulternerv tut so dermaßen weh, dass ich meinen Arm kaum bewegen kann. Ich habe Schmerztabletten bekommen die leider kaum wirken. Ich habe Atembeschwerden. Ich drehe noch durch.

Meine Finger schmerzen, meine Nase ist zu, ich habe Schwindelgefühle und ich fühle mich einfach zum kotzen. Ich weiß gar nicht mehr, was ich alles für Tabletten im Moment schlucke. Die Reizüberflutung habe ich einigermaßen gut überwunden, jetzt kommt schon der nächste Mist angetrabt. Mein Körper spinnt nur noch.

Es fällt mir schwer, nicht durchzudrehen, aber darin habe ich ja schon drei Monate Übung. Gestern passte ich auf den Hund von Marion und Lola auf. Ein Straßenhund aus Spanien. Man merkt ihm seine Angst an.

Er kann nicht gut alleine sein und wird dann sehr unruhig. Irgendwie passte das Gespann. Er und ich. Nach dem er meine Wohnung wie die Stasi inspiziert hatte und einige Male jaulend vor der Haustür verbrachte, gewöhnte er sich langsam an mich und gesellte sich zu mir auf das Sofa.

Als ich aufstand, lief er mir nach, und als ich mich wieder hinsetzte, folgte er mir brav und kuschelte sich bei mir ein. Wirklich sehr süß. Marion nennt ihn den Therapiehund. Wohlmöglich liegt sie damit goldrichtig. Ich kann mit aufregenden Situationen immer noch nicht gut umgehen.

Mein Nervenkostüm ist noch nicht hundert Prozent stabil. Heute mache ich wieder volle Vitamin- und Ingwer-Power, damit ich morgen mit meinen Freunden Silvester feiern kann. Bis 2018!!!

14.
Kapitel

**Urlaubsgeflüster –
Gundel reist mir hinter her**

Kaum zu fassen, reist mir die Olle Gundel doch tatsächlich auf die Kanaren hinterher, als hätte ich nicht mal eine Auszeit verdient und hätte sie nicht schon genug Ferien mit ihrem Vater Titus gehabt, muss sie sich wieder an meine Fersen heften.

Sie gönnte mir vier ganze Tage alleine, dann pirschte sie sich wieder am Strand leise an mich heran. Der Strand war voll. Die Rettungsschwimmer hatten allerhand zu tun.

Ich lag gemütlich mit meinem IPod auf meinem Badetuch, das ich mir in einem Laden für gewebte Tücher gekauft hatte, und hörte Musik. Hätten sie mich mal gerettet, doch Gundel schlich sich an den Jungs mit den roten Badeshorts vorbei und viel mir lautstark um den Hals.

Ich spürte sofort dieses bekannte, beklemmende Gefühl von Einengung und ansteigender Aufregung. Sie schaute nur kurz vorbei, weil sie sich im Hotelzimmer noch frisch machen wollte. Ich war so überwältigt und entzückt über ihr plötzliches Auftauchen, dass ich vermied nach dem Strand direkt ins Hotel zurückzugehen.

Ihr versuchte, ihr so weit es mir möglich war aus dem Weg zu gehen, doch sie fand mich abends beim mexikanischen Restaurant vor und hatte Verstärkung mitgebracht. Sie hatte ihre Cousine Vespa im Schlepptau. Vespa war noch penetranter als Gundel.

Sie hing mir im Nacken, in meinen Schultern, an der Wirbelsäule, wie eine mit Blut vollgesaugte Zecke. Sie umklammerte jeden Muskelzweig von mir. Ich glaube, sie war auf Crack. Alles tat mir weh. Ich konnte mich nicht mehr aus ihren Klauen befreien.

Später in der Cocktailbar gerieten Gundel und Vespa dermaßen außer Kontrolle, dass ich meine Freunde habe sitzenlassen müssen und schnell ins Hotelzimmer zurück bin, damit die beiden aus der Schusslinie kamen, bevor sie mich noch völlig vor den anderen lächerlich machten.

Wieso muss Gundels Familie nur so daneben sein? Gibt es kein Familienmitglied von ihr, das in der Birne normal tickt?

15. Kapitel

NO PANIC IN DA HOUSE!

Angst- & Panikattacken frühzeitig erkennen

Eigentlich ganz simpel? Whaaaat? Eigentlich schon. Doch in dem Haifischbecken voller gewohnter Gefühle, Gefühle aus der Vergangenheit, neu formatierter Gefühle und Ansammlung ganz neuer, noch nie dagewesener Gefühle jetzt noch wissen, wann die nächste Attacke vor der Tür steht. Na dann viel Spaß dabei. Es wäre simpel, wenn es ein oder zwei ganz bestimmte Auslöser oder Symptome gäbe, doch weit gefehlt.

Natürlich, das Luft wegbleiben und die Atemnot, das Herzrasen und der Schwindel sind immer dabei und bilden die Hauptphase, wenn man in einer Angst- oder Panikattacke steckt. Nicht zu vergessen das Gefühl, in Todesangst zu schweben. Doch bis man in diese Phase katapultiert wird, schleichen sich kleine Anzeichen an, die den ganzen dramatischen Zirkus ankündigen.

Für mich war es ein Dauerzustand, in dem ich mich permanent in den Hauptsymptomen der aktiven Phase befand, und somit konnte ich schwer einschätzen und vorher schon dagegen ankämpfen, bevor der Mist auf mich einstürzte.

Mit den Achtsamkeitsübungen habe ich meinen Körper besser deuten gelernt und somit auch meine Überforderungssymptome, die bei mir wieder die Attacke auslösten. Vermeide also die Stressoren.

Auch ganz simpel. Jahaaa. Alles ist ganz einfach, wenn man die Lösung kennt. Natürlich ist das Wissen über den Auslöser oder die Auslöser nur der eine Teil des Rätsels Lösung. Wenn plötzlich mehrere Stressoren auftreten und man dann nicht mehr genau weiß, welcher Stressor jetzt stärker war, oder die Attacke wieder mal zum Überlaufen des Wasserglases geführt hat oder es doch noch einen ganz anderen Grund gab, der sich mehrere Tage oder die Woche über angehäuft hat.

Es bleibt nur eins und das klingt im ersten Moment brutal und selbstzerstörerisch aber man muss sich gezielt in Panikattacken versetzten, um sie besser verstehen und bekämpfen zu können. Stelle dich deinen Ängsten und zwinge deinen Körper, sie ein für alle mal zu vergessen.

Da kann man ja schon Angst vor der Angst vor der Angst haben. Ein endloser Teufelskreis, doch ganz ehrlich. Der Teufelskreis wird nie enden, wenn Sie selbst nicht die Entscheidung treffen, den Teufelskreis zu durchbrechen und endlich etwas gegen ihre Auslöser und Stressoren zu unternehmen. Bei mir hat es über mehrere Monate gedauert, bis ich allmählich meine Auslöser kannte, und wenn ich auch nur einen klitzekleine Ankündigung im Körper spürte, sei es das Gefühl, ein Brett vor dem Kopf zu haben (ganz seltsames Druckgefühl in der Stirn), sich das Korsett über meine Atemwege legte oder sich plötzlich meine Wahrnehmung verdunkelt.

Alles ohne Ankündigung. Ich habe sofort meine progressive Muskelentspannungsübungen und Atemtechniken angewendet und oft hat es wirklich die Attacke verhindert oder weniger schlimm abspielen lassen.

Ich brauchte dann so ca. zwanzig bis dreißig Minuten, bis ich mich dann wieder im Normalzustand befand. Also so eine verhinderte Attacke hinterlässt schon Krümel, die den Körper geistig schwächen und psychisch mitnehmen, doch es ist ein persönlicher Erfolg, wenn man sich gegen die Attacke zur Wehr setzen konnte.

Es stärkt das Selbstbewusstsein und holt das Gefühl zurück, das man Herr über seinen Körper ist und nicht umgekehrt. Anfangs zählt man noch den Abstand zwischen den Anfällen. Ob es Tage sind oder Wochen.

Kommt wieder so ein Anfall, geht man zurück auf los und fängt von vorne an. Es wird sich aber irgendwann legen und man vergisst den Abstand und nagelt keinen Rhythmus mehr fest. Vielleicht ist es auch ein Schutzmechanismus, der dem Gehirn signalisiert, sich nicht zu arg darauf zu versteifen, sondern es einfach geschehen zu lassen, ohne dass man eine Erinnerung daran hat.

16. Kapitel

Liebes Tagebuch...

1. Januarwoche 2018

In dieser Woche war wieder alles an Hochs und Tiefs vertreten. Die Schmerztabletten und die Erkältung haben es anfänglich nicht verschlimmert, im Gegenteil.

Ich war nur mit mich gesund pflegen beschäftigt, doch die Dauerschmerzen im Rücken und Nacken haben mich dann Mitte der Woche wieder in eine psychische Attacke katapultiert.

Sie dauerte dieses Mal fast drei Stunden an und dann war sie wieder wie weggeblasen. Mein Therapeut sagte mir, dass die Psyche meinen Veränderungen noch nicht traue. Schon irgendwie absurd, als würde eine Person in meinem Gehirn mit einem Joystick sitzen, die wie ein Mensch denkt und fühlt, den man genauso umsorgen und trösten muss.

Ich konnte jetzt durch die Erkältung, den Urlaub und die Feiertage auch fast einen Monat keinen Sport mehr machen. Dadurch bin ich wieder etwas in mein altes Muster gerutscht. Vielleicht war die Attacke wirklich die Warnung meiner Psyche. Es ist wie ein Wettlauf mit sich selbst.

2. Januarwoche 2018

Meine Psyche hält mich mal wieder ordentlich zum Narren. Es reicht ihr nicht, dass ich überall Verspannungen habe und kaum mehr meinen Arm bewegen kann – ich nicht mehr weiß, wie ich stehen, liegen oder sitzen soll. Mit Krankengymnastik trat Besserung ein, aber zu meiner Erkältung kam jetzt noch Atemnot. Ich habe letzten Donnerstag geglaubt zu ersticken, dann kam noch das reguläre Erstickungsgefühl der Attacke hinzu, dann war es ganz um mich geschehen.

Den Samstag darauf war ich dann wieder Wandern, um rauszukommen und mich zu bewegen – das entpuppte sich dann als noch fataler. Das Wochenende hat mich in die völlige Erschöpfung gestürzt.

Ich bin wieder vorübergehend bei meinen Eltern – Energie tanken und mein Einsamkeitsdefizit aufpolieren. Mein Hausarzt musste mich wieder durchchecken und natürlich hatte ich wieder nichts. Meine Psyche hat mich zu sehr im Griff. Sie denkt sich immer neue Symptome für mich aus, um mich zu quälen und in Angst zu versetzen. Viel machen ist verkehrt.

Wenig machen ist noch zu viel. Ich werde eine Reha beantragen. So kann es jedenfalls nicht mit mir weitergehen.

17. Januar 2018

Habe ich eigentlich schon meine vielen Schutzengel erwähnt, die mich während meiner konfusen und manchmal waghalsigen Phasen begleiten? Nein? Zum Beispiel sind sie bei mir wenn ich beim Autofahren teilweise in Gewohnheitstrance fahre.

Ich will mobil bleiben und mir nicht auch noch das Autofahren wegnehmen lassen. Oder wenn ich mich völlig scheintot durch die Gegend bewege, um nicht meiner Psyche und Depression klein beizugeben.

Insgeheim glaube ich daran, dass mich eine unsichtbare Kraft beschützt und mich unterstützt. Natürlich verlasse ich mich nicht pauschal darauf, aber ich spüre es.

Ich muss mich jeden einzelnen Tag extrem anstrengen und mich konzentrieren. Ich hab große Fortschritte gemacht. Erlangte viele alte Empfindungen und Wahrnehmungsgefühle zurück, ohne dabei depressive Schübe zu haben.

Die Panik- / Angstattacken wollen trotzdem einfach nicht verschwinden. Es ist ja ganz löblich, dass meine Psyche mit mir kommunizieren will.

Ich habe gerne Unterhaltung, nur muss sie mich ja nicht dabei in todesähnliche Zustände versetzen und mich glauben zu lassen, dass ich auf der Stelle alleine Sterben muss. Und wenn sich dann neue Symptome dazu mogeln, wie diese Atemnotsgeschichte, ist das Fuck noch mal einfach ungerecht, denn es zehrt an meinen Kräften, mich ständig auf neue körperliche Einschränkungen einstellen zu müssen.

Zumindest liege ich im Moment seelisch nicht so am Boden wie am Anfang unserer gemeinsamen Reise. Einatmen und ausatmen. Einatmen und ausatmen. Marc, mach deine Rücken- und Wirbelsäulenübungen. Lächle dabei und atme.

Dazu ein Nasenspray oder ein Wick Hustenbonbon, damit alle Atemwege frei werden und mein Kopf nicht wieder alle Muskeln verkrampfen und mich kollabieren lässt. Einatmen Marc und ausatmen. Jo jo jo Mann.

21. Januar 2018

Die Woche Auszeit bei meinen Eltern war Balsam für die Seele. Trotzdem gab es Aufs und Abs. Mein Körper signalisiert mir die Verspannungen jeden Tag anders.

Sehr variantenreich das Ding. Ist alles dabei. Nichts wird ausgelassen. Meine Laune war neutral. Nicht depressiv aber gedrückt, weil das Gefühl, in der Sackgasse zu stehen, nicht weggehen will. Ich versuche, meine Woche mit nicht ganz so vielen Terminen vollzupacken.

Meine Atmung wurde besser, dennoch habe ich noch ein beklemmendes Gefühl in der Brust. Mir ist mulmig, weil ich mich vor jeder neuen Woche fürchte.

Ich möchte die Attacken endlich loswerden. Es schlägt mir auf die Psyche, jeden Tag kämpfen zu müssen und ständig auf mich zu achten. Diese Woche ereilten mich mehrere kleinere Attacken. Ein furchtbares Gefühl wandert durch meinen Körper.

Ein bunter Ameisenhaufen. Meine Knochen schmerzen. Mich hat wieder die Dauermüdigkeit erwischt. Das blöde Dauergähnen. Ich funktioniere wie in Trance. Automatisch. Ich bin gar nicht wirklich anwesend.

Ich spüre wenig. Seltsam, wie sich der Körper und der Geist verhalten können.

Als würde ich an einem Restzweig hängen. Anwesend und doch nicht anwesend. Ich muss meinen Therapeuten fragen, ob ich mich in einer Art Entzug befinde, weil ich so vieles geändert habe und wieder Dinge tue, die ich jahrelang ignoriert habe.

Letzte Januarwoche 2018

Heute scheint endlich mal wieder die Sonne. Das trübe Wetter hat zwar nicht so viel Einfluss auf meine Gefühlslage, es fühlt sich trotzdem gut an. Meine Verspannungen und mein Atemnotgefühl sind nach wie vor präsent.

Ich durfte diese Woche feststellen, dass mich Lavendel sehr beruhigt. Ich habe mich gleich mit Aufbautabletten zur Nervenstärkung, Duftöl und Entspannungsbäder eingedeckt. Somit habe ich gemerkt, dass meine Verspannungen auch psychischer Natur sind. Es lindert etwas meine Anspannung, aber mehr hat sich nicht getan.

Ich taumele weiterhin irgendwo zwischen Gut und Böse umher. Ich mache täglich Yoga und Rückengymnastik. Achte auf meine Sitzhaltung.

Es ist gar nicht so einfach, mich an so viel Neues gewöhnen zu müssen. Wenn ich akuten Stress und viel Hektik habe, hilft das alles leider nicht aus.

17.
Kapitel

Gundel und unsere gemeinsamen WG-Abende

Vorweg. Gundel ist sehr schreckhaft. Neue Horrorstreifen oder Krimis oder Thriller gehen gar nicht. Wenn ich Glück habe vielleicht ältere Streifen, die wir schon kennen und dann aber nur die FSK16-Fassungen.

Es ist ja nicht so, als wäre ich kein Liebhaber aller Genres, und somit habe ich auch kein Problem damit, Liebesschnulzen, Dramen und Komödien am laufenden Band anzugucken. Wobei Dramen je nach Thematik auch beklemmend sein können.

Zu viel schwere Kost darf man Gundel nicht vorsetzen, da reagiert sie sehr empfindsam. Doch ich brauche eben manchmal ein bisschen düstere Atmosphäre oder Spannung, immer nur heile Welt und Trallala ist nicht der Burner.

Nun gut, ich würde ihr ja gerne eine Beruhigungstablette verabreichen oder in den Saft oder die Cola mischen, doch habe ich keine Lust, dass sie dann wieder nur die Hälfte vom Film mitbekommt und mir danach tausend Löcher in den Bauch fragt, um was es eigentlich in dem Film ging.

Irgendwie ist alles, was ich mit Gundel unternehme, anstrengend. Nicht mal in Ruhe einen Film angucken geht, ohne dass sie wieder ihre divahaften Wünsche an den Tag legt. Ich würde ja gerne alleine oder heimlich gucken, doch dann beschwert sie sich wieder, ich würde sie nicht fragen und alleine Filmgucken wäre sozial unverträglich und es wäre ja auch Quatsch, einen Film, den beide sehen wollen, in getrennten Zimmern zu gucken. Bla bla bla bla.

Aber es wäre für das Filmvergnügen erheblich angenehmer, wenn wir das täten, aber das kann ich ihr ja nicht vor den Latz knallen, ohne dass sie dann wieder tagelang eingeschnappt wäre. Da Gundel sehr oft ihre Tage hat schauen wir sehr oft romantische Schnulzen mit Julia Roberts und Meg Ryan.

Achtsamkeitstraining

Öffnet heute die Augen und lasst
das Leben in euch hineinströmen.

Macht heute alles das was ihr am
liebsten tut wenn ihr zuhause seid.

Spielt eure Lieblingsmusik und
tanzt dazu.

Kocht eure Lieblingsspeise. Erfreut
euch an euren Blumen auf dem Bal-
kon, im Garten oder im Zimmer.

Öffnet die Rollläden und Fenster
und spürt die frische Prise die euch
um die Nase weht.

Geht spazieren und lauscht den
verborgenen Geräuschen die sonst im
Alltagslärm verloren gehen.

Macht Fotos von den neuen Eindrücken. Haltet achtsame Momente
des Tages im Geiste fest.

Schreibt am Ende des Tages auf
was ihr erlebt habt, damit sich Euer
Geist die schönen Momente besser
einprägen kann.

Seid gut zu Euch selbst und fühlt
Euch wieder mehr.

18. Kapitel

Das Zauberwort heisst GEDULD

Wikipedia beschreibt sie wie folgt:

*„Das Wort **Geduld** (auch altertümlich: **Langmut**) bezeichnet die Fähigkeit zu warten oder etwas zu ertragen. Oft gilt Geduld als eine Tugend; ihr Gegenteil ist die **Ungeduld**. Als geduldig erweist sich, wer bereit ist, mit ungestillten Sehnsüchten und unerfüllten Wünschen zu leben oder diese zeitweilig bewusst zurückzustellen.*

Diese Fähigkeit ist eng mit der Fähigkeit zur Hoffnung verbunden. Geduldig ist auch, wer Schwierigkeiten, Leiden oder lästige Situationen mit Gelassenheit und Standhaftigkeit erträgt."

Geduld ist eine Tugend, die in der akuten Krankheitsphase natürlich sehr schwer einzufordern ist. Wie soll man geduldig sein, wenn in einem das reinste Chaos herrscht? Ein Jahrmarkt an Millionen und Abermillionen von Gefühlen, die durch einen hindurch strömen? Wie soll man Geduld üben, wenn man die kleinen Besserungen nicht wahrnehmen kann, weil einem die Psyche einen Streich spielt und immer wieder neue Krankheitssymptome simuliert?

Wenn man dann noch dazu von Natur aus ein recht ungeduldiger Mensch ist, ist das eine doppelt schwere Herausforderung. Doch Geduld ist wirklich das Zauberwort an der ganzen Geschichte.

Geduld und Selbstdisziplin. Den Ehrgeiz entwickeln, selbst etwas ändern zu wollen, was einem augenscheinlich nicht gut tut, und nicht darauf zu warten, bis der Goldesel die Golddukaten aus seinem Hinterteil herauskullern lässt.

Vielleicht ist es eine Hilfe, wenn man es mit der Wirtschaft vergleicht. Neue ökonomische Modelle zeigen auch nicht auf anhieb Erfolge oder Misserfolge, sondern gewisse Tendenzen lassen sich erst nach Monaten oder Jahren feststellen.

So in etwa ist es auch mit unserer Psyche. Sie setzt nicht gleich um, was wir glauben ändern zu müssen, und wenn es beseitigt ist, dann sollte Ruhe im Karton sein. Nein, so einfach ist es leider nicht.

Die Psyche kann ein solches Miststück sein und sehr nachtragend. Sie braucht mehrere Beweise, dass man es ernst meint und so wird die Erholungsdosis am Anfang noch sehr gering ausfallen. Doch wenn sie langsam Vertrauen aufgebaut hat, dann spürt man, wie die Heilung einsetzt.

Geduld ist nicht messbar. Der eine muss wahrscheinlich mehr Geduld aufbringen als ein anderer. Geduld ist transparent und es gibt kein Patentrezept. Man muss seinen Körper näher beleuchten. Mehr auf die Zeichen achten, die er uns sendet.

Früher die Notbremse ziehen und nicht immer weiterrennen, wenn man schon längst hätte eine Pause einlegen sollen. Ich gehöre zu der mittleren Kategorie Mensch, die sowohl geduldig sein kann, in anderen Situationen wiederum nicht. Komplex?

Maybe. Sicherlich. Aber komplex bedeutet, dass man bereit ist, neue Dinge auszuprobieren. Wissbegierig ist und sich nicht immer nur in einer Grauzone bewegt.

Kann man Geduld lernen? Ja! Man muss sich sogar langsam stressigen Situationen aussetzen, um auszutesten, wie weit man wieder belastbar ist.

Ich habe mir zur Hilfe ein Diagramm erstellt das immer wiederkehrende Stresssituationen beinhaltet und die körperliche Verfassung während der Situation darstellt. Sie werden merken, dass es Hoch und Tiefs gibt, denn kein Mensch befindet sich jeden Tag in der gleichen Verfassung.

Das hat nichts mit der Krankheit an sich zu tun. Als Beispiel nehme ich mein eigenes Diagramm mit vielen Alltagssituationen, die Ihnen sicher bekannt vorkommen werden.

Das Diagramm ist zugleich eine Übung, indem man sich immer wieder seinen Ängsten und Stressoren stellt, damit man eine Prognose aufstellen kann. Jeder Anfang ist schwer und das wird er hier auch sein.

Es wird eine Weile in den niedrigen Prozent-Bereichen bleiben, bis eine Steigerung oder Besserung eintritt. Nicht verzweifeln. Sie wird kommen, nur es liegt halt auch an Ihnen selbst, inwieweit sie bereit sind, etwas gegen die Angstfaktoren zu tun. Oftmals entwickelt man die Angst vor der Angst.

Wenn man im Vorfeld schon Angst hat man könnte in einer gewissen Situation wieder in eine Angst- oder Panikattacke verfallen, ist es schon geschehen. Irgendwann ist man dann an dem Punkt angelangt, dass man Angst vor der Angst vor der Angst hat.

Angst kann nur besiegt werden, indem man seiner Psyche unmissverständlich klar macht, dass sie sich in keiner realen Angstsituation befindet. In dem folgenden Diagramm habe ich meine wichtigsten Stressfaktoren zusammengefasst.

Es gibt unzählige und jeder sollte sich sein Diagramm ganz individuell anfertigen.

Hauptsache, man kann erkennen, in welcher Verfassung man sich befindet und wo die Verbesserung oder Verschlechterung der Gefühlslage liegt. Wiederum ist es wieder eine Achtsamkeitsübung, in sich selbst hineinzuhorchen und sich selbst zu beleuchten. Sie sehen, man muss nicht immer Stunden für die Beleuchtung seines Innenlebens investieren.

Manchmal reichen zehn oder fünfzehn Minuten, in denen der Geist mal abschalten kann und man sich nur mit sich selbst beschäftigt. Es funktioniert auch ohne Notizen.

Einfach mal am Tag oder am Abend den Tag Revue passieren lassen. Auch hier ist wieder Geduld gefragt. Denn was jahrelang vernachlässigt wurde, wird nicht von heute auf morgen im Kopf aktiviert.

Ich war skeptisch und mittlerweile sehe ich eine große Verbesserung meiner Wahrnehmung. Also Achtsamkeit ist kein Humbug, sondern ein wirklich hilfreiches Instrument. Sollten sie den Stressoren von Wartezeiten ausgesetzt sein, kann man diese Achtsamkeitsübungen wunderbar in dieser Zeit anwenden. Im Wartezimmer. In der Warteschlange im Supermarkt.

In einem Stau. Es verkürzt die Wartezeit, man lernt Geduld und man stärkt dabei seine Wahrnehmung. Was will man mehr?

Spiel, Spaß und Spannung und das, ohne Stress aufgebaut zu haben. Entspannung und Entfaltung in einer Stresssituation.

19.
Kapitel

Liebes Tagebuch...

Erste und zweite Februarwoche 2018

Ich habe die zwei letzten Wochen ganz gut gemeistert ohne größere Attacken. Die Verspannungen und die einhergehende Atembeklemmung sind leider geblieben. Ich habe viele kleinere Attacken mit Atemübungen wegbekommen.

Was mir diese Woche begegnet ist:

- Frauen mit Hund

- Männer mit Hund

- Mann im Rollstuhl

- Meine Freunde

- Leute in der Stadt

- Fußball spielende Kinder, deren Ball mir über den Zaun vor die Füße flog

15. Februar 2018

Natürlich hat mir heute der Orthopäde genau das Gleiche gesagt wie die anderen Ärzte bisher auch. Meine Verspannungen kommen von der Psyche. Er hat mich zwar eingerenkt und mir lange gut zugeredet.

Ich solle doch mal in Erwägung ziehen, den Jakobsweg zu laufen. Ich kam mir vor wie ein Sensibelchen, ein Opfer, was ich nun wirklich nicht bin! Ich bin ein emotionaler und sensibler Mensch, das heißt aber nicht, dass ich nicht belastbar bin Kritik vertragen oder Konflikten nicht standhalten kann.

Ganz im Gegenteil. Meine emotionale Seite hilft mir sogar mehr im Umgang mit Menschen sei es privat oder geschäftlich.

Ich habe nur gerne Harmonie und Frieden um mich herum, das ist ja keine Schwäche oder verwerflich. Im Endeffekt muss ich nur mit meiner Psyche harren das werde ich schon schaukeln.

Meine Depressionen sind bisher schwach bis gar nicht mehr aufgetaucht. Es tritt also jeden Tag Besserung ein. Immer einen kleinen Schritt nach vorne, auch wenn er manchmal kaum wahrnehmbar ist. Ich ma-

che täglich brav meine Yoga- und Rücken-
übungen, gehe schwimmen, laufe viel, das
stärkt meinen Geist.

Letze Februarwoche 2018

Es wäre spitze, wenn man seine Empfindungen auf Video aufnehmen könnte, damit
man Beweise hätte und aufzeigen könnte,
was es für Unmengen an Empfindungsvari-
anten es doch gibt. Sie dachten, Sie kennen Ihren Körper und wissen genau wie Sie
auf etwas reagieren? Pustekuchen. Es gibt
hunderte, was sage ich, tausende von ihnen
in immer anderen Konstellationen.

Eine Achterbahnfahrt der Gefühle. Ich jedenfalls muss mich an viele neue Empfindungen gewöhnen. Nachdem die Symptome
der Reizüberflutung einigermaßen abge-
klungen sind, konnte ich Raum gewinnen,
um die Reaktionen meiner Psyche und die
Auswirkungen ganz gut einzukreisen.

Bzw. zeigen sich die Anzeichen jetzt viel
deutlicher bei Belastung. Mit der Meditati-
ons-App »Mindfulness«, die mir meine Phy-
siotherapeutin wärmstens empfohlen hat,

kann ich 1a einschlafen. Die Meditationsan-
sage funktioniert wie ein Schlaflied für Er-
wachsene. Ich schlafe ohne Witz jedes Mal
an der gleichen Stelle ein. Es ist fantastisch.

Ich habe schon lange nicht mehr so gut
am Stück geschlafen. Oder mein Geist wurde durch Yoga und die Achtsamkeitsübungen besänftigt. Im Übrigen habe ich jemanden kennengelernt. Es geschehen noch
Zeichen und Wunder.

Ist es nicht absurd, dass es ausgerechnet
jetzt geschieht, wo ich auf dem schlimmsten
Gipfel meines Lebens stehe? Ich bin gespannt wie sich das Ganze entwickelt. Ob
sich in meinem chaotischen Gehirn Platz
machen lässt, eine Beziehung zu führen.

Er wollte schon nach dem zweiten Treffen
über den Stand der Dinge sprechen. Hoffentlich verursacht das keinen erneuten oder
zusätzlichen Stressschub. Ich gehe relaxt an
die Sache heran. Bitte liebe Psyche, gönne
mir mein Glück.

28.02 2018

So, ich durfte mal wieder nur davon kosten,
wie es sein kann, mit einem anderen Men-

schen fest zusammen zu sein. Schwupps ist es schon wieder vorbei. Der Fluch.

Mein Fluch, wieder an jemand Kompliziertes geraten zu sein. Zumindest lassen sich meine Stressoren besser analysieren. Ansonsten hat sich nicht viel getan. Ich habe mit Qi Gong angefangen und es ist viel entspannter und effektiver, als ich dachte.

Achtsamkeitstraining

Achtsam ist derjenige der Achtsames tut
und das ist oft einfacher als man denkt.
Im Strudel des hektischen Alltags befindet man sich oft in einem Kreislauf wieder mit Erinnerungslücken und
Überforderung.

Ganz hilfreich dabei ist am ende des Tages sich hinzusetzten und einfach mal
aufzuschreiben was einem heute alles
passiert ist oder wer einem begegnete.

Irgendwann kann man diese Übung
auch ohne aufschreiben durchführen nur
einfach üben den tag bewusst wahrzunehmen. Oder zu üben mit sich zu sprechen und in sich hineinzuhören. Wer bin
ich? Was sind meine Ziele? Was macht
mich glücklich? Was nicht?

Oft rüttelt man sich dadurch ins Gedächtnis das Unzufriedenheit vllt.
manchmal unbegründet ist und wenn
nicht, kann man das selbst steuern.
Glück liegt nicht auf der Straße herum.
Glück das steuern wir selbst.

20. Kapitel

Gundel nimmt Abstand von mir

Gundel fängt an, sich langsam aber sicher von mir zu lösen. Sie verlässt immer häufiger meine Wohnung und lässt sich oft fast anderthalb bis zwei Wochen nicht blicken. Sie kommt dann zwar mit ihrem üblichen Getöse und ihrer übertriebenen Anhänglichkeit zurück, doch ich merke, wie sie sich von mir distanziert.

Ich weiß nicht, was plötzlich in sie gefahren ist. Ob sie nur ihre Tage hat. Eine längerfristige Sinnkrise. Für die Wechseljahre ist sie zu jung. Was weiß ich, welcher Furz ihr wieder quer sitzt. Ich kenne mich mit Frauenproblemen nicht so gut aus.

Von meinen Freundinnen kenne ich so ein Verhalten nicht. Jetzt habe ich mich so an die Zweisamkeit mit Gundel gewöhnt. Meine kleine Zucker Schnute, die wie der TGW-Schnellzug Tag und Nacht durch mich hindurchrast. Sie merken, wir haben schon Kosenamen. Der Anfang einer Hassliebe und doch fehlt sie mir.

Es ist ungewohnt, ohne Terror morgens den Tag zu beginnen. Mist, mir entweicht gerade einen Träne. Moment...

Verzeihung. Weiter im Text. Mist. Verdammt, noch eine Träne. Entschuldigung.

.....Heul- & Schniefpause

Beruhig dich Bärchen. Bärchen, das ist ihr Kosename für mich.

... Eine weitere Heul- & Schniefpause

Ich muss das jetzt kurz mal unterbrechen. Ihre Abnabelung nimmt mich doch stärker mit, als ich vermutet hatte. Schon irgendwie pervers. Das man jemanden vermissen kann, der einem eigentlich nur das Leben zur Hölle macht und einen nur quält. Nicht immer, ja, ihre Familienmitglieder mischen auch ordentlich mit.

...Meinen Rotz hochzieh

Es tut mir Leid, liebe Leserinnen und Leser, aber ich sollte das Interview an dieser Stelle wohl lieber abbrechen, es fällt mir jetzt einfach zu schwer, weiter zu berichten. Ach halt, es ist ja gar kein Interview.

... Heul- & Schniefpause Nr. 3

Mensch Marc, reiß dich doch mal zusammen jetzt. Das ist ja furchtbar!

Kann mir mal bitte jemand Papiertaschentücher reichen? Das wäre sehr nett.*

Sehen Sie, was Gundel aus mir gemacht hat? Eine Heulboje, die jetzt wohl bei jeder Romantikkomödie zu weinen anfängt. Gundel du bläde Kuh du bläde. Du konscht mich ned eufach verlosse und mir emotionole Drimmer hinnerlosse. Du kumscht gfälligscht zurick un wir kläre des wie zwe erwochsene Mänsche. Is des klar?

Und sie kam und wir klärten das in einem langen ausführlichen Gespräch und wir verblieben so, dass sie mal eine Woche bei mir verbachte und die nächste bei ihrem neuen Gspusi. Eine einvernehmliche Dreiecksbeziehung, wenn Sie es so nennen wollen.
So hat jeder mal eine Woche Freiraum für sich und eine Woche Schmusekurs auf hohem Niveau. Ich wollte auch nicht wissen, was sie in der Woche, wenn sie nicht bei mir war, mit ihrem Gspusi trieb, und ich bat sie, nichts von unseren Aktivitäten zu erzählen.

Mal sehen, wie lange sich das verträgt oder ob ich am Ende derjenige sein werde, der sie nicht mehr bei sich haben möchte.

Achtsamkeitstraining

Die Seele heilen heißt die Seele reinigen. Alles ist erlaubt. Jedes Gefühl ist willkommen. Auch die negativen Gefühle gehören zu unserem Leben dazu und das muss nicht immer was Schlechtes bedeuten.

Zorn, Wut, Angst, Eifersucht sie alle sind Gefühle die uns zeigen dass wir menschlich sind und fühlen können.

Sucht euch einen ruhigen Ort an dem ihr euch wohl fühlt. Legt euch hin. Spürt euren Puls. Euren Atem. Legt eure Hände flach (nicht gekreuzt) auf euren Bauch und spürt die Wärme und die Energie die von ihnen ausgehen.

Spürt die Sonnenstrahlen des Frühlings auf eurer Haut. Spürt die Kraft um euch herum. Wenn ihr euch mit der Unterlage oder dem Boden verbunden fühlt dann schließt eure Augen und legt die Hände seitlich neben eure Hüfte ab. Spannt sie kurz zu einer Faust fest an, dann lasst ihr wieder los und Entspannt. Immer dabei normal ein und ausatmen.

Die Entspannungsphase der Hände muss länger sein als die Anspannung der Fäuste, damit der Geist kapiert, dass er sich jetzt in keiner Stresssituation befindet sondern alles gut ist.

21.
Kapitel

NAMASTE –
Finde Dein Qi

NAMASTE

Im Park von Eden auf einer Wiese liegen und die Sonne ins Gesicht scheinen lassen. Das Gras berühren und die Erde unter sich spüren. Die Geräusche um einen herum zulassen. Wahrnehmen, was um einen herum geschieht.

Finde zu dir selbst mit Hilfe der Fünf Elemente: Feuer, Wasser, Erde, Holz und Metall, und mit Chakren, Mandras, deinem Qi und allen inneren fernöstlichen Stimmen, die man aktivieren sollte, um wieder in sein Gleichgewicht zu finden.

Ergründen Sie mit mir meine neu erworbene innere Ruhe und die neue Kraft und Energie, die man aus den Übungen von Yin Yoga, Qi Gong, Achtsamkeit, Funktionstraining schöpfen kann, damit der Geist wieder frei und beweglich wird.

Ob frisch und gestärkt in den Tag zu starten. Entspannt den Tag zu bestreiten oder einfach die Wirbelsäule und den Nacken aufzuwecken. Die heilsamen fernöstlichen Techniken helfen, sich wieder zu stabilisieren und seine Kräfte zu bündeln, damit sie einen vor Stress und Hektik beschützen.

Yoga z.B. ist zusammengefasst die Harmonie von Körper, Geist, Atem und der Seele.

Yoga soll den Belastungen des Alltags entgegenwirken, damit man sich entspannt den Anforderungen, die tagsüber auf einen einprasseln, stellen kann. Wichtig dabei ist der Einstieg mit Atemübungen, um in den gelassenen Rhythmus der Yogasitzung zu finden und das Nachspüren nach der Yogaübung, damit sich Körper, Geist und Seele beruhigen können, nach dem wir die ganzen Meridiane angeregt haben.

Meditative Begleitmusik oder akustische Übungshilfen helfen Ihnen, schnell abzuschalten und sich ganz Ihrem Körper zu widmen. Ein Bewusstseinsvakuum zu erschaffen, das einen aus dem Alltagsstress herausholt, und sich der Geist auf einer stressfreien Ebene erholen kann.

Hier kommt meine Zusammenfassung an Übungen und Techniken, die mir am meisten Entspannung gebracht haben und mir weiterhin sehr dabei helfen einen besseren Zugang zu mir selbst zu finden. Investieren Sie das Geld in die Bücher und Kurse über die Lehren von Körper und Geist, es wird sich bezahlt machen, glauben Sie mir. Es muss nur der Wille und die Bereitschaft da sein, sich darauf einzulassen und es auf sich wirken zu lassen.

Yin Yoga
(Mentales Yoga)

Das Happy Baby. Das Kamel. Das Krokodil. Der Baum. Der Sonnengruß, um nur einige der unzähligen Übungen zu nennen, in denen man in der Anspannung Entspannung erfährt. Man beginnt anfangs mit einer Eingangsmediation, um den Körper mental auf die Reise vorzubereiten.

Ähnlich wie beim Qi Gong bleibt der Körper bei der Entspannung in Bewegung, nur dass die Übungen länger andauern, um die gewünschte Entspannungsphase in der jeweiligen Übung besser zu erreichen. Man erschafft sozusagen positive Spannung im Körper, die die Stressspannung kompensiert und somit den Weg in die Entspannung einläutet.

Qi Gong

Qi Gong heißt arbeiten mit seiner Lebensenergie. Die TCM trennt den Körper und den Geist nicht, d.h. für die TCM ist es eine Einheit und wenn die Energiebahnen gestört sind, dann können eben sowohl körperliche als auch psychische Erkrankungen entstehen. Qi Gong ist eine chinesische Meditations-, Konzentrations- und Bewegungsform.

Die Kultivierung von Körper und Geist sind dazu da, den Körper und den Geist wieder in Einklang zu bringen, d.h. es werden mit Übungen gezielt sowohl die Muskeln, Gelenke und Unwohlsein regeneriert, als auch dein Wohlergehen, der Energiefluss deines Körpers ganzheitlich wieder hergestellt. Die Übungen regen die Energiebahnen (auch Meridiane genannt) im Körper an, die alle Körperteile und Organe miteinander verknüpfen und den gestörten und blockierten Kreislauf wieder in Einklang bringen.

So werden Herz, Leber, Niere, Gallenblase, Milz, Lunge, Magen, Harnblase und Dünn- u. Dickdarm gezielt aktiviert und gestärkt. Qi Gong ist so vielschichtig, dass das Ausprobieren oder Herantasten auf jeden Fall die Mühe wert ist.

Autogenes Training

Tiefenentspannung von innen heraus für Körper & Psyche. Beim autogenen Training bringst du dich durch Autosuggestion selbst in einen hypnotischen Zustand. D.h. sich vom normalen Wachzustand in ein entspanntes hypnotisches Bewusstsein führen.

Die Übungen über den Tag verteilt oder vorm Schlafen gehen anwenden. Es reichen auch manchmal nur ein paar Minuten. Man kann den Körper trainieren, trotz Meditation und Entspannung wach zu bleiben und nicht automatisch einzuschlafen.

Hörspieltipps / Videotipps:

- *Youtube // Ohrinsel*
- *Youtube // minddropstube*
- *Youtube // Einfach besser leben*

Achtsamkeitsübungen

Achtsamkeit heißt: mehr auf sich selbst hören und den Alltagsstress besser bewältigen. Üben, wieder mehr von seiner Umgebung wahrzunehmen und nicht alles bedeutungslos an sich vorbeirauschen zu lassen.

Achtsam sein bedeutet, auf seine innere Stimme zu hören und Erlebnisse bewusster zu verarbeiten. Auch hierbei bedarf es manchmal nur weniger Minuten über den Tag hinweg. Durch regelmäßiges trainieren werden Sie merken, dass Sie wachsamer werden im Alltag und ihre Umwelt ganz anders wahrnehmen werden. Ihnen werden viele Dinge bewusster auffallen, die Sie vielleicht früher nie so registriert haben.

Beispiele:

1) Der Bodyscan
2) Die Traumreise
3) Der Spaziergang am Meer
4) Das Hier und Jetzt

Progressive Muskelentspannung nach Jacobson

Die Progressive Muskelentspannung auch kurz PMR genannt, hilft dir Anspannungen im Körper zu lösen, die sich über den Tag hinweg in deinem Körper aufbauen.

Genau genommen helfen die Übungen, deinem Körper zu suggerieren, dass er sich jetzt gerade nicht in einer Anspannung befinden muss. PMR ist quasi nichts weiter als die Psyche austricksen. Am besten eignet es sich, die Übungen liegend zu machen.

Sie werden schon nach wenigen Minuten spüren, wie sich Ihre Muskeln langsam entspannen und Sie sich viel gelöster fühlen werden. Die PMR umschließt mehrere Muskelgruppen, so dass sie die Anspannungen vom Kopf bis zu den Füßen lockert.

Die PMR wird häufig bei Verhaltenstherapien angewendet, um Angststörungen zu behandeln. Zudem ist die PMR hilfreich bei chronischen Rückenschmerzen, Kopfschmerzen, Schlafstörungen oder massivem Stress.

Wenn Sie dieses Buch lesen, dann leiden Sie sicher unter einem dieser Symptome, von daher kann ich nur sagen, Sie sollten PMR auf jeden Fall mal ausprobieren.

Beispiele:

1) Alle Körperpartien ein paar Sekunden so fest Sie können anspannen (Zehen, Fäuste und den Po fest), dann Anspannung komplett lösen. Gerne auch dabei laut

ausstöhnen und die Zunge weit heraus-
strecken. Keine Scheu. Es sieht Sie ja
keiner dabei.

2) Sich flach an ihrem Lieblingsort (Boden,
Sofa, Bett) hinlegen. Ihren normalen
Atemrhythmus beibehalten und während-
dessen beide Fäuste für drei Atemzüge
fest anspannen und dann beide Fäuste
loslassen. Also die Entspannung muss
länger dauern als die Anspannung, damit
der Körper weiß, dass er sich jetzt in keiner akuten Anspannung befindet. Bitte
ca. dreißig Sekunden warten und die
Übung wiederholen. Sie werden schnell
eine Verbesserung spüren.

Für alle Entspannungsmethoden und Medi-
tations- & Bewegungsformen gibt es hilfreiche Lektüren mit CD- oder DVD-Beilagen mit
vielen Übungsbeispielen, die den Einstieg
erleichtern.

Ich habe sie alle ausprobiert und jede
Form hat mir auf ihre Weise geholfen mich
besser zu fühlen und zu mir selbst zu finden.
Also nur Mut und keine Furcht sich mal mit
sich selbst zu beschäftigen, als immer nur
von außen abzulenken und zu verdrängen.
Es lohnt sich.

Man muss auch nicht alle Übungen und Mediationen auf einmal machen, sondern sich langsam herantasten und schauen, was für einen am effektivsten ist. Wer gerne entspannt, aber dennoch dabei in Bewegung bleiben möchte, für den ist z.B. Qi Gong sehr ratsam. Der eine oder andere kann auch nicht gut mit sich selbst sein.

Also mit seinem Ich alleine in einer Meditation. Deswegen würde ich dann geführte Mediationen durch einen Trainer oder eben durch die MP3-Hörspiele vorschlagen.

Eine sanfte Stimme von außen beruhigt einen vielleicht eher, als kompletter Stille ausgesetzt zu sein. Wobei gerade die Stille das ist, was wir verlernt haben zu ertragen und ich das trotzdem auf jeden Fall auch mal ausprobieren würde.

Kleines Lexikon:

Das Qi = Die Lebensenergie

Meridiane = Energielinien im Körper

Das Jing = Die Lebenswurzel

Das Schen = Die Vitalität

Das Chakra = Rad, Kreis (Zentrum der Lebensenergie)

Das Mudra = das, was Freude bringt (Handbewegung)

WU XING = Die 5 Elemente

Yoga = indische Lehre für die Entspannung von Körper und Geist

Qi Gong = chin. Mediations-, Konzentrations- & Bewegungsform

Namaste = das Göttliche in dir

Achtsamkeitstraining

Was spüren wir überhaupt? Wir sehen und spüren doch spüren wir wirklich was wir sehen und anfassen?

Nehmt 4 Gefäße mittelgroß so dass eine Hand hineinpasst. Füllt in jedes Gefäß etwas anderes. Steine. Erde oder Sand. Wasser und etwas Weiches. Wolle oder Blütenplätter.

Schließt nun eure Augen und erfühlt abwechselnd mit euren Händen die Inhalte. Taucht sie ein. Bewegt die Hände.

Richtet eure Gedanken nur auf das jetzt. Auf das was eure Hände fühlen und spürt die Ruhe und Zufriedenheit die dabei entstehen.
Lasst euch Zeit dabei. Es gibt kein Zeitlimit. Du bestimmst wie gut es dir tut.

22. Kapitel

GEIST gegen PSYCHE oder doch ein und dasselbe?

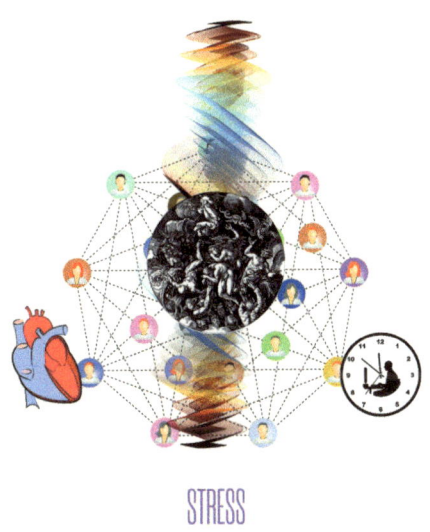

STRESS

Am Anfang schien mir beides ein und dasselbe zu sein. In den Monaten der Besserungsphase spaltete sich meine Meinung und das Gespann hat sich ganz deutlich in zwei Konstante geteilt. Man begreift dann recht bald, wer welchen Part im Körper übernimmt.

Für mich gibt es weiterhin Momente, an denen mir ihre Unterschiede regelrecht auf dem Silbertablett serviert werden, und dann gibt es wieder Situationen, in denen man sie schwer auseinander halten kann und sie als Powerteam agieren. Nach meinen Erfahrungen beschreibe ich die Psyche für mich als Mutterhülle, als Beschützerin, die über allem wacht, und der Geist ist ihr Wegbegleiter.

Ihr intellektueller Partner, der mal stärker und mal schwächer neben ihrer Seite auftritt. Wenn sie sich uneinig sind und Streit haben und die Psyche wieder mal versucht, mich mit körperlichen Gebrechen auf etwas hinzuweisen, bewahrt mich der Geist davor, den Verstand zu verlieren, und hilft mir gegen die Psychoattacken anzukämpfen.

Er verleiht mir die Kraft, mich zur Wehr zu setzen. Stand die Psyche noch im Mittelalter als Synonym für die Seele, so gibt es heute,

Jahrhunderte später, wissenschaftlich gesehen eine klare Trennung. Die Psyche ist der Teil des Menschen, das Speichermedium, welches Erinnerungen behält, sie aber auch verzerren kann. Genauso wird es als das nicht-materielle Verdauungsorgan gesehen, das Angst bewältigen kann.

Der Geist fällt unter die drei anderen Teile, die uns ausmachen. Neben dem Bewusstsein und der Seele hat der Geist die Funktion, auf die Psyche zuzugreifen, um den Verzerrungen der Realität entgegenzuwirken, an die sich die Psyche angepasst hat. Genauso greift der Geist auf die Seele zu und somit fungiert er mehr oder minder als Vermittler aller Ebenen. Kurzum arbeiten Psyche und Geist grundsätzlich gemeinsam.

Und was sagt mir das jetzt? Bin ich jetzt schlauer? Wie kann ich mich auf einen der beiden Teile konzentrieren, wenn sie doch zusammen agieren? Naja, für mich war das auf jeden Fall eine sinnvolle neue Erkenntnis.

Wenn man sich vorher nie mit dem Thema, den Funktionen seines Körper durch Eigeninteresse oder durch ein Studium beschäftigt hat, ist es irgendwo beruhigend, das der Körper doch genug Selbstheilungsmöglichkeiten besitzt, die sich dann einschalten oder einschalten lassen, wenn ein gewisser Teil des Körpers erkrankt. Man erfährt ja nicht nur, wie die beiden Teile im Körper funktionieren sondern man lernt seinen ganzen Körper besser kennen.

Vieles, was man als selbstverständlich erachtet, wird nun zu einem klaren, ersichtlichem Bild. Der Körper, die Organe sind ein Kreislauf und doch hat jedes einzelne genug Potenzial, sich selbst zur Wehr zu setzen.

Ich wusste zum Beispiel nicht dass das Herz ein eigenes Gedächtnis hat und man mit seinem Herz unabhängig von Geist und Psyche eine Beziehung aufbauen kann.

Natürlich ist es schwierig, das alles zu verstehen, und wenn man sich gerade im Anfangsstadium seines Zusammenbruchs befindet wird es wohl eher nur eine weitere Informationsflut sein, die einen überkommt.

Mich hat es belastet, aber auch erleichtert. Ich habe dadurch einen neuen roten Faden entwickelt, der mir half, meinen Körper besser zu deuten, als nur darauf zu warten, bis meine alten Empfindungen zurückkehren. Es hat mir in vielerlei Hinsicht die Augen geöffnet und meine Aufmerksamkeit sowohl zu meinem Innenleben als auch zu meinem äußerlichen Umfeld massiv gestärkt.

Ich nenne es den Knoten in meinem Kopf gelockert oder den unsichtbaren Kloß, den ich schon mein ganzen Leben gespürt ha-

be, der mich im Kopf immer spürbar aus-
bremste und daran hinderte, endlich mein
Bewusstsein und vollem Maße auszuschöp-
fen.

23. Kapitel

Liebes Tagebuch...

Erste Aprilwoche 2018

Ich muss gestehen, es ist mir den ganzen März über schwer gefallen, meine Gedanken zu sammeln und zu Papier zu bringen.

Ich befinde mich momentan in der Balancephase. Es hat sich leider nicht viel geändert. Meine Nackenschmerzen und Verspannungen sind schlimmer geworden. Den ganzen Tag knackt es in meinen Gelenken.

Der Attackenrhythmus hat sich jetzt auf alle zwei Wochen reduziert. Meist am Freitagabend oder am Wochenende. Meine Reha ist beantragt. Gestern war ich in der Sauna. Nach dem straffen Arbeitstag bin ich völlig blockiert und geistig zerstört in die Sauna gelaufen. Dann traf ich dort einen Bekannten und ich konnte mich entspannen.

Verrückt, wie ich das mittlerweile regelrecht nachverfolgen kann. Lange Feiertage bekommen mir nicht gut. Das abrupte Freihaben und Stoppen meines Alltags irritiert mich. Also Erholung ist nicht gut. Stress ist nicht gut. Scheiß Balance.

Achtsamkeitstraining

Die Kraft des Morgens nutzen. Wenn die Sinne noch jungfräulich sind.

Unbelastet und frei. Gestärkt vom friedlichen Schlaf. Positiv den neuen Tag willkommen heißen.

Sich Zeit gönnen bevor man sich den täglichen Aufgaben widmet. Also ruhig eine Stunde früher aufstehen als normal.

Die Stille des Morgens nutzen, Energie zu tanken und sich etwas Gutes tun bevor man wieder funktionieren muss.

Sich abhetzt und schon wieder gestresst ankommt bevor überhaupt der eigentliche Stress auf Arbeit losgeht.

Nehmt z.B. morgens ein Entspannungsbad oder eine Entspannungsdusche. Dreht die Gewohnheit um, sich nur abends nach dem Stress zu belohnen. Belohnt euch vorher und ladet euren Akku auf denn nicht nur Schlaf beruhigt eure Sinne.

24. Kapitel

Das Glück klopft nicht immer von selbst an die Tür

Wer kennt nicht die Redewendung, das jeder der Schmied seines eigenen Glückes ist? Ist Glück, dass ich ein vierblättriges Kleeblatt finde oder im Lotto gewinne? Ist Glück innere Zufriedenheit zu erlangen? Ist Glück soziale Stabilität durch Familie und Freunde zu besitzen? Kann ich Glück anfassen? Besitzen? Verlieren? Muss ich es irgendwo einfangen? Abholen? Was ist denn überhaupt Glück?

Fakt ist, dass man für Glück reichlich positive Gefühle und Energie aufwenden muss, dass man durchaus selbst beeinflussen kann und sogar muss.

Wer Positives sät wird Positives ernten. Die Wissenschaft belegt, dass das menschliche Wohlbefinden mehr Früchte trägt, wenn der Mensch von positiven Dingen umgeben ist. Sei es durch Sozialkontakte oder innige, emotionale Liebesbeziehung.

Auch wenn der eine oder andere gerne alleine ist und sich am liebsten als Hermit in einem Kloster verschanzen würde, ist doch der Mensch an sich - das habe ich auch an mir selbst festgestellt - durch Geselligkeit geprägt und abhängig.

Dem Menschen dürstet nach Geborgenheit, nach Aufmerksamkeit, nach Bestätigung, nach Anerkennung, und er badet gerne im See voll von seiner eigenen Gattung. Er liebt es, sich mitzuteilen und nicht alles in sich hineinzufressen. Glück ist demnach keine Erfindung, die man nach Lust und Laune reparieren kann. Glück ist ein Zustand, den wir sehr wohl selbst beeinflussen können.

Das Glück liegt in der Luft. Manchmal näher als wir vermuten und manchmal weiter von uns entfernt, als wir uns wünschen. Glück kann schon durch kleine Gesten erzeugt werden. Sei es durch Umarmungen oder wenn Sie jemanden etwas Gutes tun oder Ihre Hilfe anbieten. Es geht nicht um kostspielige materielle Dinge. Entscheidend ist das Gefühl, das im Kopf dadurch freigesetzt wird und Sie strahlen lässt.

Wir pressen das Wort Glück zu sehr in vordefinierte Schemata. Glück in der Liebe. Glück im Spiel. Manche Menschen scheinen immer eine Glückssträhne zu haben und andere sind immer vom Pech verfolgt. In dieser Aussage presst man den Begriff Glück in den Istzustand.

Es ist einfach so. Du hast immer Glück. Ich hab immer Pech! Aber stimmt das denn? Vielleicht übersieht man auch einfach die

Portion Glück, die einem gerade widerfährt, weil man sich unter Glück immer etwas großes Heilvolles vorstellt. Vielleicht nimmt man einfach nicht wahr, weil man sich auch mal gerne im Strudel negativer Gedanken suhlt.

Dabei kann ja Glück schon morgens nach dem Aufstehen an Ihnen haften. Sie sind gesund und munter und haben keine Sorgen, die sie belasten. Das finde ich ist schon mal eine ordentliche Portion reinen Glücks.

Andere dagegen leiden an einer schweren oder sogar unheilbaren Krankheit. Stecken in finanziellen Nöten oder tragen andere Lasten auf den Schultern. Ich empfinde nur, dass ich kein Glück habe, weil ich unglücklich in Liebesangelegenheiten bin oder mir ein mehrstelliger Lottogewinn auch mal ganz gut käme.

Demnach kann man Glück nicht für alles verantwortlich machen und es dafür benutzen, das man einfach selbst mit sich und seiner Situation unzufrieden ist.

Manchmal ist man auch der Auffassung, dass jemand mit seinem Glück sorglos umgeht und es nicht zu schätzen weiß und man sich darüber ärgert, weshalb es nicht stattdessen zu einem übergeht.

Doch auch hier kann ich nur sagen, wie sieht denn dieses Glück desjenigen aus, der es nicht wertschätzt und mit Füßen tritt? Kann ich es nicht durch eigene Kraft schaffen, dieses Glück zu erreichen, dann wartet man vergeblich darauf dass es plötzlich wie ein Überraschungspaket vor der Haustür steht? In meinem Fall habe ich mich über ein Jahr lang unglücklich gefühlt, egal was ich unternommen habe.

Ich war nicht dauerhaft unzufrieden oder deprimiert, aber ich habe mich einfach nicht glücklich gefühlt. Egal was ich in meinem Leben verändert habe.

Da man aber eben Glück nicht im Katalog oder bei Amazon oder beim Otto Versandhandel bestellen kann und eine genaue Lieferzeit erhält, musste ich solange Sachen verändern und ausprobieren oder mir bereits existierendes Glück wieder ins Gedächtnis rufen, bis ich plötzlich von ganz allein wieder Erfolgs- und Glücksmomente erlebt habe. Ein stabiles Umfeld.

Die Kraft und die Liebe durch die Familie und Freunde sind Glück. Jeden Tag essen und zu trinken zu haben sind Glück. Ein Dach über den Kopf zu haben ist Glück.

Sich nicht in einem Kriegsgebiet zu befinden oder unter den Verletzten eines Anschlags zu sein ist Glück. Dort zu leben, wo nicht ständig Naturkatastrophen herrschen und einem immer wieder aufs Neue das Zuhause zerstört wird und man sich in Sicherheit flüchten muss. Aber ich weiß, ist erst mal die dicke Schlammschicht aus Frust und Unzufriedenheit auf einen gefallen, ist es sehr mühselig, sich da wieder herauszuwinden. Tun Sie es. Wirklich. Machen Sie sich die Mühe, Sie werden es nicht bereuen!

Also ich kann nur sagen, dass das Glück nie ganz von der Bildfläche verschwindet. Es hat nur manchmal keine Lust, immer von sich aus den ersten Schritt machen zu müssen. Ich habe gelernt. Selbstverständlich ist nur der Tod. Der Rest kostet und macht Mühe. Im Moment bin ich zum Beispiel unheimlich glücklich dieses Buch schreiben zu können, ohne rückfällig zu werden.

Als ich vor einigen Monaten angefangen habe, fiel mir jedes einzelne Kapitel sehr schwer. Obgleich ich dadurch viel aufarbeiten und vor allem verarbeiten konnte. Insbesondere bei den Tagebucheinträgen bin ich recht schnell an meine Grenzen gestoßen, weil es mich immer noch emotional und psychisch mitgenommen hat.

Vielleicht habe ich zu früh damit angefangen, aber vielleicht war es genau der richtige Zeitpunkt. Vielleicht habe ich einfach frühzeitig Glückssamen pflanzen müssen, um jetzt einige Monate später Glück zu empfinden. Ich bin glücklich, dass es mir besser geht und glücklich, nicht jedes Mal in eine neue Krise zu stürzen, nur weil ich das Wort Panikattacke oder Atemnot oder Herzrasen höre.

25. Kapitel

Heilung mit Homöopathie

NATUROPHATIC

Wie Sie sicher schon bemerkt haben, lasse ich nichts unversucht, gegen die Krankheit anzu-kämpfen und mein Gleichgewicht wieder herzu-stellen. Bis auf eine Hirngewebsentnahme oder elektronische Messung meiner Hirnströme ist eigentlich fast alles dabei. Auch die gern miss-verstandene Homöopathie.

Unterstützend bei der Heilung kann die Homö-opathie eine zusätzliche Hilfe sein, um den Körper und den Geist in seiner schweren Phase wieder in die richtigen Bahnen zu len-ken. Seinen Körper und Geist zu stärken und das Immunsystem wieder aufzupäppeln.

Im Folgenden liste ich einige homöopathi-sche Helferlis auf die nicht viel kosten und dennoch eine große Wirkung auf unsere Ge-sundheit ausüben können. Werfen Sie Ihre Vorurteile, falls sie welche hegen, einfach mal über Bord und schlagen Sie sich das ge-brandmarkte Bild der Kräuterhexe vor ihrem Hexenkessel aus dem Kopf, wenn Sie das Wort Homöopathie lesen oder hören.

Vor allem die männliche Fraktion sollte sich die Möglichkeit einräumen, sich vom   Gegen-teil überzeugen zu lassen. Ich gehe nicht im Detail auf die heilvolle Wirkung der Homöopathie ein. Dazu fehlt mir das nötige Fachwissen und es würde auch den Rahmen des Buches sprengen. Es gibt so viel Literatur zu dem Thema und man sollte einfach mal für sich austesten, was einem davon gut tut und von Nutzen sein kann und was nicht.

Ich habe einiges ausprobiert und nein, geheilt wurde ich dadurch nicht über Nacht, aber es hat mich auf einen guten Weg geführt, meine Nerven und meine Angstzustände besser in den Griff zu bekommen.

Der zurzeit sehr trendige Low carb Green Smoothie war nicht dabei, dafür andere Frucht-Smoothies, und um es grün zu machen, aß ich viel Spinat. Den mit Blubb oder den von Edeka oder Penny. Früher hasste ich die grüne Matsche Pampe. Heute kann Spinat gar nicht oft genug irgendwo drin, drauf oder dabei sein. Ich bin froh, dass mit meinem Zusammenbruch nicht meine Lust nach abwechslungsreichem Essen und Nährstoffen verloren ging.

Gott sein Dank ist es mir nicht abhanden gekommen, dass ich gerne so gut wie fast alles esse oder zumindest probiere.

Ich bin also ein recht pflegeleichter Gast, nur mal am Rande erwähnt. Aber jetzt genug über Spinat philosophiert. Lassen Sie uns loslegen mit der heilvollen Kraft der Naturmedizin.

Heilende Tees

- Gingkoblätter

  (nicht zu lange ziehen lassen, schmeckt
  sonst sehr bitter)

- Rooibuschtee

  (enthält über 200 gesundheitsfördernde
  Inhaltsstoffe)

- diverse Kräutertees

  (nie verkehrt, auch ohne sich krank
  zu fühlen)

- Grüner Tee / Matcha Tee

Kraftnahrung

- diverse Fischarten (z.B. Lachs)

- Pute / Hühnchen

- Avocado

- Knoblauch

- Oliven
  (Regeneration und Vitalität)

- frisches Obst und Gemüse
  (Karotten, Spinat, Rote Bete usw.)

- Walnüsse
  (gut für das Gehirn)

- Rotwein, Granatapfel & Cranberries
  (fördern den Blutkreislauf)

Heilende Gewürze & Pflanzen

- Ingwer

- Kurkuma

- Thymian

- Salbei

- Kava (bei Angstzuständen)

- Lavendel (beruhigt das zentrale Nervensystem)

- Johanniskraut (gegen Depression, Klimakterium)

- Baldrian

- Hopfen (gegen Schlafstörungen & Angstzustände)

- Hafer (gegen Überforderung, Angst- & Schlafstörungen

Heilende Anwendungen

- Frische Luft

- Bewegung & Sport (Wandern, Nordic Walking, Spazierengehen, sonstige sportl. Aktivitäten)

- Akkupunktur

- Steinmassage

- Massage mit ätherischen Ölen

- Thaimassage

26.
Kapitel

LIFE SUCKS!
Eine Arschlochwoche kommt
selten allein

Du spazierst an einem sonnigen Tag aus dem Haus und denkst an nichts Böses. Du hast gut geschlafen. Bist ausgeruht und freust dich auf den vor dir liegenden Tag. Du schlenderst durch die Straßen – überquerst dabei vielleicht eine Brücke und bist bereit, dich in der Innenstadt ins Menschengetümmel zu stürzen.

Und dann geschieht es. Du läufst um eine Hausecke und begegnest einem flüchtigen Bekannten. Man begrüßt sich herzlich und ehe man sich versieht kommt auch schon eine verbale Ohrfeige angeflogen.

»Dein Bart ist schon ziemlich grau, wirst wohl auch nicht jünger. Sieh mich an, ich werde bald fünfzig und habe noch kein einziges graues Haar«

Der flüchtige Bekannte kann ja nicht wissen, dass ich jetzt fast ein Jahr Tortur hinter mir habe, was sicher noch dazu beigetragen hat, dass sich meine Schneelandschaft im Gesicht und auf der Brust ausgebreitet hat, aber nun gut, ich mache ihm lieber ein Kompliment, als mich aufzuregen und giftig zurück zu kontern, denn mein Tag soll positiv bleiben.

Ein anderes Mal habe ich wieder mal meine liebe Großmutter im Seniorenheim besucht, die mich wie immer mit den Worten begrüßt: *»Marc, du musst aufpassen, dass du nicht zu dick wirst«*
Dabei schlägt sie mit der Hand auf meinen Bauch. Oder mein Bart ist zu lang oder meine Haare könnten mal wieder geschnitten werden.

Nein. Kein »Schön dass du da bist« sondern gleich eine verbale Ohrfeige heute im Sonderangebot Drei zum Preis von Einem. Vor kurzem lernte ich einen jungen Mann kennen, mit körperlicher Spracheinschränkung. Ich behandelte ihn wie jeden anderen auch. Unterhielt mich ganz normal. Schätze seine Person und versuchte auch, seine Person kennenzulernen.

Ich hörte aus seinen Worten heraus, dass er sich von der Welt ungerecht behandelt fühlte und so lief unser Kennenlernen genauso ab, ohne seine Beeinträchtigung irgendwie besonders zu berücksichtigen. Eigentlich bekam ich stattdessen mein Fett weg. Er fing an zu lachen. *»Deine Stimme finde ich schon scheiße. Die ist so hoch. Irgendwie komisch.«*

Mir blieb die Spucke weg. Ich dachte: what the fuck, was läuft gerade für ein Film hier ab. Es reichte aber auch nicht, es einmal zu erwähnen. Er tat es mehrmals, bis meine Laune völlig in den Keller wanderte. Also verbal ohrfeigen kann auch jemand, der sicher selbst oft genug verbal geohrfeigt wird, das steht fest.

Solche Situationen passieren mir häufiger und jedem anderen sicher auch und das sind eben genau diese heimtückischen Fallen, auf die man sich während seiner Genesungsphase gefasst machen muss.

Die Nerven sind instabiler und man wird empfindlicher. Anfälliger für negative Äußerungen und Kommentare. Es ist schwierig, heutzutage in unserer Gesellschaft komplett alle negativen Einflüsse von sich fern zu halten und jeder stressigen Situation aus dem Weg zu gehen.

Man muss lernen, nicht alles an sich heranzulassen, doch als hätte man nicht schon genug mit sich selbst zu hadern, muss man auch noch ein imaginäres Superheldenschild erzeugen, um schlagfertiger zu werden. Wo ist meine Höhle zum Verkriechen? Bitte besorgt mir ganz schnell eine Höhle!!!

Für mich ist es jeden einzelnen Tag eine mega-Herausforderung, mich dem Leben zu stellen. Von daher nutzen Sie solche Situationen als Test für ihr Bewusstsein. Achten sie auf die Reaktionen ihres Körpers. Wie sich ihre Laune verändert.

Bleibt sie stabil oder ist der restliche Tag versaut oder stürzen Sie solche verbalen Ohrfeigen gleich wieder in ein dunkles Loch? Ich bleibe nett und lächle, auch wenn der Gegenüber noch so einen radioaktiven Atommüll von sich gegeben hat.

Mein Tag bleibt positiv. Mein Geist bleibt positiv. Meine Seele bleibt positiv.

27. Kapitel

REHAAUFENTHALT IM SAARLAND

Erste Woche

8:05 Uhr. Die Reise beginnt. Ich sitze im Zug ins schöne Saarland. Yipiiie.

Die S-Bahn hat 5 Minuten Verspätung. Jeder im Zug starrt in sein Smartphone. Kaum einer schaut sich an. Ich bin mega nervös. Ich habe keinen blassen Schimmer, was mich in der Reha erwarten wird. Ein junger, blonder Mann sitzt mir gegenüber. Ein wandelndes Nervenbündel. Häuser, Menschen, Landschaften rasen schnell an mir vorbei.

Gut, dass ich noch schnell am Bahnhof einen Cappuccino getrunken und ein Schokoladencroissant gegessen habe. Das Nervenbündel kaut an seinen schmutzigen Fingernägeln. Ob er heute Morgen schon geduscht hat?

Ich bezweifele es. Das Wetter ist fabelhaft. Strahlend blauer Himmel. Über fünfundzwanzig Grad Celsius. Ich fahre die Strecke über Kaiserslautern in das schöne, grüne Saarland. In Saarlouis muss ich einmal umsteigen. 11:15 Uhr Ankunft in der Rehaklinik. Ich sehe nur ältere Menschen mit Krücken und Rollator herumlaufen. Oh Jesus, wo bin ich hier nur gelandet? Um 12:00 Uhr darf ich erst mal zum Mittagessen in meinen zukünftigen Speisesaal. Es gibt Rindergulasch mit Nudeln.

Wieder fast nur Krücken um mich herum. Das Durchschnittsalter liegt gefühlt bei fünfundsechzig Jahren. Tendenz nach oben steigend. Jesus Christ!

Zwischen 15.00 und 16.00 Uhr. Ich bin nur umgeben von Saarländern und Rheinländern und fast nur Krücken. Ein lustiger Arzt empfängt mich und macht mit mir das ärztliche Eingangsgespräch.

Wie ein Hieronymus schwingt er seinen Füllfederhalter und füllt nochmal die Fragebögen aus, die ich eigentlich schon irgendwie zweimal Wochen vorher an die Klinik geschickt hatte.

Er notiert meine Anwendungswünsche, um danach meinen Anwendungsplan zusammenzustellen. Gleich darauf lerne ich meine für mich zuständige Psychotherapeutin kennen. Sie ist um einiges jünger als ich. Sie könnte meine jüngere Schwester sein!

Ich bekomme recht schnell mit, dass ich die Patienten mit Psychosomatiken im Reha Zentrum daran erkenne, dass sie von außen gesund wirken.

Ich halte von da an Ausschau nach potentiellen Mitstreitern. Nach den Gesprächen bekomme ich im Speisesaal meinen festen Tisch zugewiesen den ich mir mit drei weiteren Reha-Gästen teile. Bereits beim Abendessen lerne ich sie kennen.

Den nimmersatten P. aus Wiesloch, der am nächsten Morgen schon nach Hause fährt, und Hildrut, die ich sofort in mein Herz geschlossen habe und die mich von Anfang an mein Bub nennt und mich herzlich in die Gruppe aufnimmt. Tatsächlich ist sie auch in meiner Therapiegruppe. Eine von fünf, die nach saarländischen Flüssen benannt sind.

Prims, Mosel, Saar, Ahr und Blies. Die Gruppen haben das psychologisch betreute Gruppengespräch, die Musik- und Kunsttherapie gemeinsam. Der erste Weg ist geebnet. Ich freue mich, bei Hildrut in der Gruppe gelandet zu sein. Viele Eindrücke für den ersten Moment. Der Tag schlaucht mich.

Meine Ganzkörperverspannungen machen sich wieder bemerkbar. Shit! Vom Reha Zentrum habe ich noch nicht viel gesehen, so nehme ich dann abends an der Hausführung teil, die von Mitpatienten durchgeführt wird, die schon etwas länger in der Reha sind.

Auch die Paten genannt. Jeder übernimmt im Laufe seines Reha-Aufenthalts eine Patenschaft in Form einer Hausführung und fungiert als Ansprechpartner für alle Neuankömmlinge. Ich bin auf die erste Nacht hier gespannt.

Heute Morgen bin ich zuhause wieder mit einem eingeklemmten Beckennerv aufgewacht. Ich sollte mich also nicht allzu sehr über die Krücken lustig machen, denn ich laufe nicht viel besser.

Ich bekomme recht schnell mit, wie hier der Hase läuft. Dass sich unter den Reha-Gästen die Geister scheiden. Wir Psychosomatiker werden schnell abgestempelt. Man nennt uns die GAGAs oder die, die morgens die Sonne anbeten.

Im Laufe der Reha begegnen mir viele orthopädische Gäste, die eher Hilfe in unserer Abteilung suchen sollten. Ich taufe sie die Ottis. Denn manche Ottis sind mehr gaga als die Gagas. Ich lächle darüber und freue mich, schon gleich am Anreisetag in einen Topf geworfen zu werden.

Ich beobachte die Ottis und vermute, dass sie eventuell ebenfalls bald die Sonne anbeten werden, wenn sie vor lauter Dauerschmerzen nicht mehr klar denken können. Ich finde die Sonne anbeten klasse.

NAMASTE!

06.06.18 // 14:10 Uhr

Das Erste was ich heute Morgen erlebte, war eine Begrüßung im Rauchereck links vor dem Reha Zentrum. Kaum dass ich mich auf die Parkbank gesetzt hatte, ging schon das Kreuzverhör los.

»*Hast Du eine Freundin?*« fragt mich der nimmersatte Peter, der mit mir im Speisesaal den Tisch teilt.

»*Bist Du verheiratet? Hast Du Kinder?*« Ich. »*Nein*«
Fünf Sekunden später... »*Dann bist Du doch schwul oder, wenn du keine Freundin hast? Macht nichts, dann musst Du dir hier halt einen selber wedeln, dass habe ich auch die ganze Zeit gemacht*« Ich grinse vor mich hin und gehe zum Frühstück in den Speisesaal.

Was für ein erfrischender Erster Reha-Morgen! Meine Bettmatratze ist rückengerecht, aber bretthart. Kein kaltes Wasser im Badezimmer. Keine Rollläden.

Fast alle Fenster im Zimmer sind nicht zu öffnen und so eine tiefgreifende Morgenandacht vor der ersten Zigarette und der ersten Tasse Kaffee. Der Burner.

Um 8:00 Uhr hatte ich die erste Morgen-
runde, bei der wir von einer Krankenschwes-
ter im Sitzkreis empfangen werden und wir
reihum unser Befinden mitteilen. Meine erste
Gefühlsoffenbarung vor dreißig anderen
Mitpatienten.

Danach gab es die erste Musiktherapie-
stunde bei Frau K. Ich suchte mir die Dau-
menorgel aus und dann fingen wir an, nach
ihren Regeln zu musizieren. Ich knüpfe erste
Kontakte und erfahre erste Schicksale.

Meine Verspannungen sind mich heute
wieder extrem am ärgern. Jetzt bin ich im
Schwimmbad und tue gar nichts. Ich versuche erst einmal, vollständig anzukommen.
Ich beobachte von meiner Liege den afrika-
nischen Hot Lover, der den deutschen,
weiblichen, vollbusigen Patienten über fünfundvierzig ordentlich den Kopf verdreht.

Er taucht seinen muskulösen Körper aus-
drucksstark ins Außenbecken des
Schwimmbads ein und ich höre nur die Da-
men schnell zwitschern, dass sie unbedingt
ins Becken müssen, um sich abzukühlen.

Das Wetter ist stabil und die Sonne bringt
mich ordentlich zum Schwitzen. Zudem habe ich heute meine erste Regel gelernt: sei
offen zu anderen, dann wirst du auch mit
offenen Armen empfangen. Und so war es

auch. Ich fühle mich schnell sicher und wohl in der Reha-Gemeinde.

07.06.18 // um 14:10 Uhr

Heute bekomme ich meine erste und einzige Anwendung für diesen Tag. Ich habe wenig Programm, aber trotzdem wenig Zeit zwischen den Terminen, etwas Sinnvolles zu unternehmen.

Defacto bin ich nur am Essen (drei Mahlzeiten am Tag), am Rauchen, Quatschen und Kaffeetrinken. Ich wollte doch hier abnehmen. Mann oh mann, was wird das wohl geben? Mit den Herzdamen aus meiner Therapiegruppe, wir sind die Prims, habe ich mich schnell angefreundet.

Mit den Männern ist es etwas schwieriger, warm zu werden, sind doch die Frauen sowieso in der Überzahl. Mein Liebchen Claudia ist hier ambulant und mit ihr habe ich sofort eine innige Bindung aufgebaut und verbringe viel Zeit mit ihr.

Nach dem Mittagessen wird das Bistro zu unserem traditionellen Treffpunkt mit Kaffee, einem leckeren Eis oder einem guten Stück

Kuchen, damit wir unsere Nerven für das Mittagsprogramm stärken können.

Zwischen den Anwendungen sind Claudia und ich kurz an die Cloef oberhalb der Saarschleife gewandert. Ein fantastischer Ausblick über sattgrüne Baumlandschaften. Leider regnet es heute schon den ganzen Tag. Gut für meinen Sonnenbrand von gestern. Schlecht für unser Gemüt.

Wirklich großartig das Reha Zentrum verlassen habe ich noch nicht. Wir müssen täglich mehrere Kilometer laufen, um unsere Anwendungsstätten, Futterquellen und Ruheoasen zu erreichen.

Selbst der Lidl oder der Aldi außerhalb sind einen ganz schönen Fußmarsch entfernt. Ich spare mir die Besuche der Supermärkt für die nächste Woche auf.

// um 17:14 Uhr

Eben hatte ich den Hydro Jet. Zwanzig Minuten Wasserbett mit Hypermassagedüsen. Ich bin für eine einstündige Behandlungszeit, denn gerade als ich in die Entspannungsphase überging, hörten die Düsen auf sich zu bewegen. Menno. Am kommenden

Samstag bekomme ich nochmal eine Sitzung. Alle sind von dem Hydro begeistert.

Trotz des Hydros fühle ich mich immer noch schlapp. Ich kann noch nicht wirklich loslassen. Bei der Rückenschule quälte ich mich nur ab. Wie bescheuert ist das denn?

Ich kann noch nicht einmal dreißig Minuten gerade sitzen. Zudem waren es alles Übungen, die ich längst kenne.

08.06.18 // um 06:05 Uhr

Ja es ist 06:05 Uhr in der Früh. Ich bin längst geduscht und sitze in der Raucherecke vor der Rehaklinik und warte, bis sich die Tore zum Speisesaal öffnen.

Das Einschlafen gelang mir so la la. Nach drei Wochen benutze ich mal wieder meine Einschlafmeditations-App. Und peng war ich im Traumland.

Das Teil vollbringt Wunder! Heute steht meine erste psychologische Gruppensitzung bevor. Mal sehen, was mich erwartet. Ich fühle mich ok. Es fehlt etwas die Ruhe in dem ganzen Reha-Konzept.

Die ersten Tage bin ich noch verschont, doch nächste Woche steht mir dann der durchgetaktete Wochenplan bevor. Ansonsten fühle ich mich sehr wohl. Ich wurde von allen herzlich aufgenommen.

Ich muss aufpassen, dass mich diese urplötzliche Aufmerksamkeitsflut nicht überfordert, aber ich genieße und brauche die Gesellschaft um mich herum.

Die interessanten und tiefgründigen Gespräche. Mich nervt meine einzelgängerische Art. Mein geistiger Rückzug, wenn ich zu stark im Mittelpunkt stehe. Warum ist das bloß so? Ich möchte mich nicht alleine im Wald oder in einer Höhle verkriechen.

Ich möchte unter Leute. Wann fing das an? Wann hört das auf? Irgendwann müssen doch die Vergangenheitsscherben mal aufgelesen sein.

09.06.18 // um 06:17 Uhr

Meine Gruppe die »PRIMS« wächst zusammen. Von Tag zu Tag lernen wir uns besser kennen und fassen mehr Vertrauen. Wir stärken uns gegenseitig. Tauschen unsere

Erfahrungen aus. Wir Neuankömmlinge sind ungeduldig und ärgern uns, dass wir in der ersten Woche kaum Anwendungen haben.

Wir werden zu zufällig Anwesenden und schleichen uns zu den Kursen, die uns belieben, auch wenn wir nicht offiziell auf der Tagesliste stehen. Ich bin gestern Morgen einfach mit zum Frühsport.

Ich bin rein zufällig den gleichen Weg durch den Wald gegangen, den die Sporttrainerin genommen hat. Zufällig im Schwimmbecken bei der Aquafitness zu sein hat leider nicht funktioniert. Ich hatte dafür Massage auf meinem kurzen Tagesplan, die hatte es aber in sich, alter Schwede. Ich dachte, der Masseur reißt mir meine Halswirbel heraus.

// um 11:15 Uhr

Am Wochenende ist wieder Attackenzeit. Ich habe mich noch mit Angelika unterhalten und auf dem Weg ins Schwimmbad kam sie dann wieder. Meine Attacke. Ich bekam sie schnell in den Griff und reaktivierte mich wieder in der Schwimmhalle. Der Auslöser muss wohl der plötzliche Stillstand sein.

Der Druck schlagartig nachlässt. Was weiß ich? Ich bin es leid, immer analysieren zu müssen weshalb und warum. Beim Frühstück war kaum jemand und auch sonst ist es recht ausgestorben. Viele empfangen Besuch oder suchen die Ruhe in ihren Zimmern oder in der Natur.

Die Zwangspause am Wochenende muss jedoch sein. Ich genieße die Stille und später nehme ich bei der Ausflugstour nach Trier teil. Die Sonne scheint. Es ist ein herrlicher Tag. Aber es ist Wochenende und ich muss das endlich mal in den Griff kriegen. Hier gibt es kaum Oberflächlichkeit.

Ich hätte niemals daran geglaubt, so schnell so viele nette Menschen kennenzulernen und so schnell integriert zu werden. Ein fast utopischer Ort voller Verständnis und Zuneigung.

Ein Ort voller Menschen, enttäuscht von ihrem Umfeld, den Mitmenschen dem Gesellschaftsgeist, der menschlichen Kälte und Ellbogenphilosophie.

Wir sind ein Haufen, der es kaum glauben kann und diese Wochen in Frieden und Harmonie aufsaugen wie ein Schwamm, um uns davon noch lange Zeit nach der Reha nähren zu können. Und weil ich viel davon mitnehmen möchte, bin ich nur zum Duschen und Schlafen auf meinem Zimmer.

10.06.18 // um 11:06 Uhr

Heute am Sonntag steht auch hier die Uhr still. Ich bin seit 9.00 Uhr im Schwimmbad und lasse mich von den Wasserdüsen und Bubbles durchkneten. Meine Gehirnmasse muss sich erholen. Ich habe noch nie so einen schrecklichen, soziophatisch veranlagten Menschen erlebt, wie gestern bei unserem Ausflug nach Trier – und ich vertrage normalerweise einiges.

Nachdem mein Gehirn nach der einstündigen monotonen Dauertyrannei dermaßen overloaded war, dachte ich, mein Bewusstsein transformiert sich gleich aus mir heraus.

Diese Reha-Patientin hat Angela und mich im Bus während der Fahrt mit ihrem psychopatischen Monolog über ihre konfuse Weltanschauung und ihren abstrusen Verlusten in ihrer Familie totgequatscht, so dass Angela und ich beide bei Ankunft aus dem Bus getorkelt sind und uns zeitgleich rausrutschte, dass diese Frau doch schlimmer dran sein, als die ganze psychosomatische Abteilung zusammen. Wir schauten uns an und lachten.

»Erst mal Kaffee und eine Zigarette, oder?« »Aber so was von«. Traurig an der Geschichte ist nur, dass diese Frau das tagtäglich von morgens bis abends durchzieht und jeder, wirklich jeder hier, schon ihr Opfer war. Ich will mir gar nicht vorstellen, wie es bei ihr zuhause vonstatten geht. Gut, dass sie morgen abreist!

In Trier selbst haben Angela und ich eine tolle Zeit verbracht. Ich sah sie endlich losgelöst und strahlend. Unsere Sorgen verschwanden für ein paar Stunden.

Wir machten die Geschäfte in Trier unsicher, schlenderten an den alten Fachwerkhäusern vorbei und beobachteten die Menschenmasse vom Café aus. Nach fast einer Woche völliger Abgeschiedenheit hätte ich nicht gedacht, dass ich den Stadtbummel so gut überstehe. Wir haben euphorisch gleich unsere nächsten Ausflüge geplant.

Heute gehen wir nach dem Mittagessen mit Uwe und Lissa wandern und auf eine kleine Dorfkirmes. Der Stille im Wald lauschen.

11.06.2018 // um 17:00 Uhr

Meine Vergesslichkeit ist mir ins Saarland gefolgt. Meine Mütze, Jacke, Zigaretten. Jeden Tag lasse ich etwas liegen. Heute Morgen hatte ich wieder Gruppengespräch. Jeder von uns musste eine Karte ziehen und die darauf stehende Frage beantworten.

Wie passend hatte ich die Frage, wer mir Geborgenheit gespendet hat. Die Gruppengespräche oder vor der Gruppe sprechen ist heftig und verlangt viel ab. Während dem Erzählen hatte ich irgendwann eine räumliche Verzerrung und ich sah die Leute nur noch verschwommen.

Es wirkt immer wie eine Bewusstseinsverschiebung, wenn ich mich lang auf etwas konzentrieren muss oder ich Emotionales von und über mich erzähle. Seit heute Morgen regnet es, aber es drückt nicht auf meine Gefühlslage.

Claudia, Gabi Kösters kleine Schwester, wie ich sie zu pflegen nenne, hat mir den Tag versüßt. Auch sie blüht mehr und mehr auf und lässt mehr Nähe zu. Da haben sich zwei gefunden wa?!

Zweite Woche

12.06.2018 // um 13:45 Uhr

Da war sie nun die lang erwartete »Kunsttherapie« Ich konnte mir die ganze Zeit nichts darunter vorstellen und bin ihr eher skeptisch gegenübergetreten. Muss jeder Punkt und Strich und Klecks eine Bedeutung haben? Oh ja, das tut es! Ich suchte mir die Pastellkreidestifte aus und legte los.

Wie typisch für mich sah mein Zeichentisch wieder aus wie auf einem Schlachtfeld und die Kreide hing mehr an meinen Händen, Ellbogen und Armen als auf dem Papier. Nach einer Stunde kreativem Entfalten wurden unsere Kunstwerke vorne an die Wand gehängt und von der Kunsttherapeutin Frau K. analysiert.

Ich fand die Frau von Anfang an sympathisch und wusste, dass sie und ihre Kunsttherapie viel Einfluss während der Reha auf mich nehmen wird. Bei meinem Bild fielen von ihrer Seite nur die Worte: »Dramatisch, Herr Schneid. Sehr dramaaatisch«.

Ich malte meinen urplötzlichen Fall in einen Abgrund. Meine Ohnmacht und meinen

Aufstieg. Frau K. war perplex. Nach der offiziellen Stunde hatte ich noch ein gutes Gespräch mit ihr.

Man ist hier wirklich gut aufgehoben. Ich hatte eher eine nullachtfünfzehn-Abwicklung erwartet, doch hier nimmt sich wirklicher jeder Therapeut Zeit für das Schicksal jedes einzelnen Patienten. Das schafft eine ganz andere Vertrauensbasis.

Meine Gruppe ist fabelhaft. Jede Stunde, jede Therapiesitzung macht mit ihnen Spaß. Ich fühle mich ausgeglichener. Ruhiger. Akzeptiert. Jeden Tag in die eigene Psyche zu blicken verlangt viel ab von einem, umso tröstlicher ist es für uns, gegenseitig genügend Schultern zu haben, die uns dabei Halt spenden.

Zuhause fühlte ich mich oft verloren und hilflos, auch wenn meine Familie und meine Freude für mich dagewesen sind, doch die Hilfe durch Gleichgesinnte ist nochmal eine Schippe mehr auf den Seelsorgeberg, den man zur Genesung braucht.

Die unbegründeten Ängste sind nicht mehr so ein starker Teil von mir und hier haben sie mich endlich aus ihrem engen Käfig gelassen und ich kann sie auf freiem Feld bekämpfen. Hier kann ich ihnen in die Augen blicken und ihnen besser ausweichen, wenn sie sich wieder angriffslustig auf mich stürzen.

13.06.2018 // um 15:30 Uhr

Starke Worte, die mich heute geprägt haben:

»Die, die mit dem Hintern lachen«

KRAFT – GELASSENHEIT – LUSTIG-KEIT – AKTIVITÄT – IDENTITÄT – ENTTÄUSCHUNG – WILLENSSTÄR-KE

// um 17:05 Uhr

Heute gab es viele Eindrücke, Erfahrungen und persönliche Momente. Jeder neue Ankömmling trägt ein Schicksal mit sich, eine neue Geschichte, die ihn gezeichnet hat.

Jeder Abgänger hinterlässt seine Weisheiten und Prognosen. Ich habe heute viele

Emotionen erleben dürfen und ich nehme
Tag für Tag viel Positives für mich mit.

14.06.2018 // um 20:46 Uhr

»Auf Wolke vier schweben«

Heute war es sehr tiefenentspannt. Eine
Stunde Waldlauf. Drei Stunden Pause.

Dann autogenes Training. Ich habe den
Raum während der Übung um mich herum
nicht mehr wahrgenommen. Ich war in der
Twilight Zone.

Das war der erste hundert prozentige Ab-
schaltfaktor seit Beginn der Reha. Wir haben
heute zudem nur Blödsinn veranstaltet und
uns durch den Tag gealbert.

16.06.2018 // um 07:39 Uhr

**FREUNDSCHAFT – VERTRAUEN –
SPASS – TRAUER – WOHLFÜHLEN –
ANKOMMEN– GEBORGENHEIT**

Eine Woche voller kraftvoller bedeutungsvoller Geschehnisse. Wir mögen uns. Lernen uns wertzuschätzen. Trösten uns. Das triste Wetter steckt uns in den Knochen.

Einige aus unserer Gruppe haben die Reha beendet und sind heimgefahren. Eine Lücke entsteht. Gestern war ich mit A., A., und L. in Merzig. Wir hatten Freigang, der uns wirklich gut tat. Balsam für die Seele.

Bisschen durch die Geschäfte bummeln und eine andere Umgebung genießen. Wir hatten mordsmäßigen Spaß.

Meine Schwabengeli lässt einen Kracher nach dem anderen los. Wir dissen und veralbern unsere Sorgen und benehmen uns wie kleine Kinder. Fabelhaft!

Der Nachmittag tat uns allen unheimlich gut. Ich lerne hier tolle Menschen kennen. Ich entdecke mein altes ICH wieder. Mein ICH, das sich lange Zeit verkrochen hatte.

17.06.2018 // um 06:47 Uhr

Mein Kopf schaltet langsam in den Stand-by-Modus. Nach binnen drei Jahren ist mein Gehirn mal in einer Ruhephase.

Mein Geist heilt und holt sich den nötigen Freiraum zurück. Gestern waren meine Eltern zu Besuch. Wir verbrachten einen wunderschönen Tag in Saarburg und waren abends noch lecker bei meinem neuen Stamm-Italiener hier essen.

Es tat gut, vertraute Gesichter zu sehen. Man gewöhnt sich schnell an das Reha-Umfeld und rutscht in einen neuen Rhythmus rein, da müssen einem die Liebsten wieder etwas in die Realität zurückholen.

Die Lieben sind fern. Alles ist fern. Alles ist als Päckchen verpackt weit weit entfernt.

Dritte Woche

23.06.2018// um 07:22 Uhr

Die alten Hasen gehen, die neuen Hasen (wir) rücken nach. Wieder müssen wir von liebgewonnenen Menschen Abschied nehmen. Dieses Mal fällt es mir schwerer.

Mein Tisch im Speisesaal ist leer. Keine Ahnung, weshalb ich keine neuen Gäste an den Tisch bekomme. Vielleicht ein therapeutischer Test, um zu testen, wie ich alleine klar komme? Durch die Therapien und Gespräche ist einiges aufgebrochen.

Meine Therapeutin machte mir den Vorschlag, ich solle in der Reha mehr Zeit alleine verbringen, damit ich zuhause in kein Loch falle. Auf der anderen Seite genieße und brauche ich die Gesellschaft.

Ich kämpfe mich mühsam aus meinem Kokon und doch überfordert es mich, so im Mittelpunkt zu stehen. Gestern habe ich seit Jahren mal wieder richtig Standard getanzt.

Die Mädels suchten ein männliches Opfer. Es war entzückend, auch wenn ich nicht mehr alle Schritte auf die Reihe bekam.

Vierte Woche

26.06.2018 // um 15:58 Uhr

Die letzte Woche ist angebrochen. Ich war eben im Freibad und jetzt sitze ich im Bistro bei einem Stück Käse-Apfelkuchen und einem Cappuccino. Meine drei Kilo mehr kommen nicht von ungefähr.

Langsam schleicht sich bei mir das Heimweh ein und ich merke, dass ich mich nach meinem Zuhause sehne.

Am Sonntag fuhr ich mit Uwe und Lissa durch die Eifel und abends waren wir zum Abschluss auf dem Trierer Altstadtfest. Rockmusik. Eine Bühne. nullkommanull Prozent Cola-Bier. Ich spürte seit langem mal wieder Zufriedenheit.

28.06.2018 // um 07:18 Uhr

ANKOMMEN– NEUORIENTIEREN – ABSCHALTEN – ZU SICH SELBST FINDEN – ABSTAND GEWINNEN – ZUNEIGUNG – TROST – SCHMERZ – VERLUST – ABSCHIED

Heute wird unsere Gruppe wieder kleiner. Ein Schwung neuer Gäste steht in den Startlöchern. Endlich erhielt ich meine langersehnte Qi Gong-Stunde, die mir wider Erwarten sofort Verspannung pur verschaffte. Ich genieße meine letzten Tage mit meinen neugewonnen Freunden.

Ein starkes Netz aus Verständnis und Geborgenheit. Wir wachsen noch enger zusammen und doch rufen uns die Lieben daheim. Ich wache hier in meinem Zimmer auf und denke in meiner morgendlichen Orientierungslosigkeit, ich wäre bereits in meiner Wohnung.

Ich löse mich langsam von meinem Exil im Saarland. Dö, lö, hei, Schwenker, Schmier, das, es. Es wird mir so fehlen!

01.07.2018 // um 10:30 Uhr

Ein neuer Monat. Mein vorletzter Tag in der Reha. Gefühlte zehn Kilo schwerer. Es waren vier Wochen atemberaubender Erfahrungen. Viele neue Eindrücke. Wiederfinden alter Gewohnheiten und Wesenszüge.

Alle nennen mich einen Künstler. Sie mögen meine Bilder, die ich während der Kunsttherapie malte. Ich selber hadere immer noch mit mir, aber es freut mich ungemein, wenn ich so viele mit meinen Bildern berühren kann. Morgen fahre ich nach Hause. Ich freue mich und fürchte mich.

Dann begebe ich mich nun auf eine neue Runde Psychomania. Daheim ist wieder keiner, der vierundzwanzig Stunden um mich herum ist. Eine neue Mutprobe wartet. Heute verbringe ich den Tag mit Claudia.

Unsere letzte gemeinsame Zeit. Sie hat mir eine Freundschaftsmünze, einen Talisman mit einem Engel geschenkt, den ich in meine Geldbörse steckte und immer bei mir tragen werde.

Angela schenkte mir gestern bei unserem Abschiedsessen eben solchen Glücksbringer-Engel für den Schlüsselbund, somit bin ich nun für die Zukunft gut gewappnet.

Und nun der Schluss

Es ist soweit
wir sind am Ende
oh NEIN oh
NEIN!

Noch einmal kurz –
Noch einmal knackig

Für alle Lesefaulen unter Ihnen, die sich nicht durch mein Buch schlagen wollten und gleich hinten beim Ende reinspicken – Hier das Best of was mir im Nachhinein zusammengefasst am besten geholfen hat.

Ich bedanke mich für Ihr Interesse und hoffe, Sie können einige Denkanstöße und Hilfestellungen gut gebrauchen und vieles für sich selbst zum Positiven umwandeln.

Ich würde mir wünschen, dass ich mit diesem Buch etwas Gutes zu dem Thema beisteuere, und dass Betroffene und oder Co.-Betroffene etwas Hoffnung und Leichtigkeit zurückgewinnen.

Ich wünsche den Lesern und Leserinnen alles Gute auf ihrem Weg. Lassen Sie uns alle die Daumen drücken, dass Burnout in Zukunft mehr Stellenwert in der Gesellschaft einnimmt, damit die Krankheit mit all ihrem Facettenreichtum frühzeitig behandelt werden kann. In diesem Sinne. Denken Sie daran. Keiner ist alleine damit.

- Lavendelöl, Lavendelduft

- Yoga / Qi Gong
- Klangspiele / Windspiele
- Meditationsmusik
- Autogenes Training, Progressive Muskelentspannung nach Jacobsen
- am Tag mehrere Pausen mit Achtsamkeitsübungen oder Meditation machen
- weniger am Computer sitzen, vor dem Smartphone oder vor dem Fernseher
- weniger laute Musik hören
- grelles Licht vermeiden
- Sauna
- Entspannungsbad nehmen
- Sport jeglicher Art
- Massage (z.B. Thaimassage)
- Rotlichtlampe im Gesicht und am ganzen Körper anwenden
- lange Spaziergänge machen und in der Natur wandern gehen
- lustige Filme, Serien (Komödien, Sitcoms) anschauen
- Filme anschauen, die man schon kennt,
- lustige Lektüren lesen, Witze lesen und erzählen
- Osteopathie

ENDE

Auf ein Wort
zum Schluss

Sie haben bis zum Ende durchgehalten. Sie sind tapfer und ich bin stolz auf Sie. Was ist es schon, an die zweihundertachtzig Seiten zu lesen? Das geht doch ganz schnell.

Doch ich weiß nur zu genau, wie anstrengend jedes Wort, jeder Satz sein kann, wenn man sich gerade in der akuten Burnout-Phase befindet. Doch mir hat Lesen und Schreiben sehr dabei geholfen, meinen Körper und meinen Geist zu beruhigen.

Sie müssen keinesfalls alles auf einmal ausprobieren. Bei mir war alles ein schleichender Prozess und richtete sich danach, wie ich mich körperlich dazu in der Lage fühlte, gewisse Dinge auszuprobieren.

Nehmen Sie sich Zeit. Gehen Sie die Dinge langsam an. Denn grundlegend liegt die Kraft der Besserung im Endschleunigen.

Mal das Leben auf die Pause Taste stellen, anstatt immer nur auf Play zu stehen oder vor zu spulen. Dinge bewusster wahrzunehmen und zu genießen. Nicht tausend Dinge gleichzeitig zu erledigen oder sich permanent abzulenken. Unser Körper ist nicht für den heutigen stressigen Alltag geschaffen, doch leben wir nun mal jetzt und nicht mehr in Säbelzahnzeit.

Die Evolution hinkt nach und richtet sich nicht nach Terminen und Non-Stop-Funktionieren. Das Gehirn kann nicht nur tagtäglich mit Eindrücken gefüttert werden. Es muss sie auch verarbeiten.

Ich weiß, wir haben alle Angst, etwas zu versäumen, wenn wir glauben, etwas nicht zu tun, doch ganz ehrlich, erlebe ich gerade durch meine ruhigere Herangehensweise den Tag viel intensiver und die Stunden rauschen nicht mehr so schnell davon.

Achtsamkeit ist kein Humbug. Achtsamkeit wird Ihre Rettung sein! In diesem Sinne. Jetzt ist wirklich Schluss. Wir werden uns wieder lesen.

Bis demnächst und werden
Sie schnell gesund

Ihr

Marc Schneid

Bereits erschienen:

Tristan Soviak
KALEM- Schüler ohne Reue (Thriller)
Vogtners & Tannenbergers 1. Fall

Marco Boulanger/ Marc Schneid
Call me now (Roman)

Marco Boulanger/ Marc Schneid
Canarian Nights –
Kurzgeschichten aus dem Süden

Marco Boulanger/ Marc Schneid
Coming in Coming out
– Geschichten aus dem Leben
(Kurzgeschichten)

Marco Boulanger/ Marc Schneid
WIR SIND NOCH HIER!
(Roman)

Marc Schneid
Stadtgeflüster
(Satire)